KLAUS KOHLER

Die moderne Praxis des Schiedsgerichtswesens in der Wirtschaft

Schriftenreihe des Instituts für Rechtssoziologie und Rechtstatsachenforschung der Freien Universität Berlin

Herausgegeben von Prof. Dr. Ernst E. Hirsch

Band 8

Die moderne Praxis des Schiedsgerichtswesens in der Wirtschaft

Ergebnisse einer Untersuchung in Frankfurt am Main

Von

Dr. Klaus Kohler

DUNCKER & HUMBLOT / BERLIN

Gedruckt 1967 bei Alb. Sayffaerth, Berlin 61
Printed in Germany

Inhaltsverzeichnis

Abkürzungsverzeichnis

AcP	=	Archiv für die civilistische Praxis
ADSp.	=	Allgemeine Deutsche Spediteurbedingungen
AktG	=	Aktiengesetz
Anm.	=	Anmerkung
ArbGG	=	Arbeitsgerichtsgesetz
AWDBB	=	Außenwirtschaftsdienst
BAG	=	Bundesarbeitsgericht
BB	=	Der Betriebsberater
BGB	=	Bürgerliches Gesetzbuch
BGBl.	=	Bundesgesetzblatt
BGH	=	Entscheidung des Bundesgerichtshofs in Zivilsachen
BRAGebO	=	Bundesgebührenordnung für Rechtsanwälte
BVerfG	=	Bundesverfasungsgericht
BVerwG	=	Bundesverwaltungsgericht
Betr.	=	Der Betrieb
DJZ	=	Deutsche Juristenzeitung
DR	=	Deutsches Recht
EGZPO	=	Einführungsgesetz zur Zivilprozeßordnung
GKG	=	Gerichtskostengesetz
GRUR	=	Gewerblicher Rechtsschutz und Urheberrecht
GVG	=	Gerichtsverfassungsgesetz
GWB	=	Gesetz gegen Wettbewerbsbeschränkungen
h.L.	=	herrschende Lehre
h.M.	=	herrschende Meinung
HRR	=	Höchstrichterliche Rechtsprechung
IHK	=	Internationale Handelskammer
JW	=	Juristische Wochenschrift
JZ	=	Juristen-Zeitung
Kap.	=	Kapitel
KG	=	Kammergericht
KTS	=	Konkurs-, Treuhand- und Schiedsgerichtswesen
LM	=	Nachschlagewerk des Bundesgerichtshofs, herausgegeben von Lindenmaier, Möhring u. a.
MDR	=	Monatsschrift für Deutsches Recht
NJW	=	Neue Juristische Wochenschrift
OLG	=	Oberlandesgericht

OLGRspr.	=	Die Rechtsprechung der Oberlandesgerichte auf dem Gebiete des Zivilrechts, herausgegeben von Mugdan und Falkmann
PersBefG	=	Personenbeförderungsgesetz
PflichtVG	=	Gesetz über die Einführung der Pflichtversicherung für Kraftfahrzeughalter
RdL	=	Recht der Landwirtschaft
RGBl.	=	Reichsgesetzblatt
RGRK	=	Das Bürgerliche Gesetzbuch, Kommentar, hrsg. von Reichsgerichtsräten und Bundesrichtern
RG	=	Entscheidungen des Reichsgerichts in Zivilsachen
RheinZ	=	Rheinische Zeitschrift für Zivil- und Prozeßrecht
Rspr.	=	Rechtsprechung
RVS	=	Rollfuhrversicherungsschein betreffend Warenschäden aus Rollfuhraufträgen im Orts- und Nahverkehr
SchGO	=	Schiedsgerichtsordnung
StGB	=	Strafgesetzbuch für das Deutsche Reich
SVS	=	Speditions-Versicherungsschein
VersR	=	Versicherungsrecht, Juristische Rundschau für die Individualversicherung
VOB	=	Verdingungsordnung für Bauleistungen
VAG	=	Gesetz über die Beaufsichtigung der privaten Versicherungsunternehmen und Bausparkassen
VVG	=	Gesetz über den Versicherungsvertrag
WuW	=	Wirtschaft und Wettbewerb
WuWE	=	Wirtschaft und Wettbewerb, Entscheidungen
ZPO	=	Zivilprozeßordnung

Einleitung

§ 1: In der Begründung des im Jahre 1874 dem Reichstag vorgelegten Entwurfs der Zivilprozeßordnung hieß es noch am Anfang der Erläuterungen zu den §§ 782—813, die sich mit der Schiedsgerichtsbarkeit befassen: „Die Ansichten über den Wert der Schiedsgerichte sind sehr geteilt[1].“ Heute ist die Schiedsgerichtsbarkeit als Institution privater Gerichtsbarkeit innerhalb unserer auf einer liberalen Staatsauffassung beruhenden Rechtsordnung anerkannt[2]. Es gibt keine grundsätzliche und pauschale Ablehnung mehr. Nur noch vereinzelt begegnet man in der Literatur nach 1945 einer mit einem mehr oder minder kritischen Unterton getroffenen Feststellung, die Schiedsgerichtsbarkeit habe einen bedeutenden Umfang angenommen[3]. Bestimmte positiv bewertete Seiten des Schiedsgerichtswesens wie besonderes persönliches Vertrauen der Parteien in die Schiedsrichter und Sachkunde der Schiedsrichter sowie ein gegenüber den staatlichen Gerichten — ganz besonders ausgeprägt in internationalen Streitigkeiten — schnelleres, billigeres und einfacheres Verfahren werden in der Literatur stets von neuem hervorgehoben[4]. Daneben finden sich im Schrifttum mit unterschiedlicher Betonung jedoch auch negativ beurteilte Seiten der Schiedsgerichtsbarkeit immer wieder angeführt, so in erster Linie, daß die Schiedsrichter oft parteiisch urteilten und daß die Unterwerfung einer oder beider Parteien unter das Schiedsgericht, vor allem das eines Verbandes, häufig unfreiwillig geschehe[5]. Zweck der Arbeit ist es zum

---

[1] C. *Hahn*, Die gesamten Materialien zur Civilprozeßordnung und dem Einführungsgesetz zu derselben, S. 489.

[2] Zu dem Einfluß der Staatsauffassung auf die Ansichten über den Wert der Schiedsgerichtsbarkeit vgl. *Blomeyer*, K., S. 51 ff. (51, 52, 55, 59); *Berges*, KTS 1960, S. 97.

[3] *Lent-Jauernig*, § 94 I S. 262; *Nikisch*, § 143 I 2 S. 588; *Rosenberg*, § 166 I 1 S. 844.

[4] *Baumbach-Schwab*, Kap. 1 B III S. 50 f.; *Berges*, KTS 1960, S. 99; *Blomeyer*, A., § 124 II 3 S. 707; *Blomeyer*, K., S. 54 f.; *Gerland*, S. 4, 8; *Grimm-Rochlitz*, S. 15 f.; *Ingenstau-Korbion*, Teil A, § 10 Anm. 38; *Haak*, S. 36, 99, 100, 103; *Meyer-Cording*, S. 122; *Nußbaum*, S. 6; *Pohle*, in Rechtsvergleichendes Handwörterbuch, Bd. 6, S. 162; *Schönke*, in Handwörterbuch der Sozialwissenschaften, Bd. 9, S. 119; *Schönke-Schröder-Niese*, § 99 I S. 874 f.; *Schönke-v. Staff*, S. 262 f.; *Schottelius*, Die kaufmännische Schiedsgerichtsbarkeit, S. 17; *Stein-Jonas-Schönke-Schröder*, vor § 1025 Anm. 1 4; *Thomas*, S. V.

[5] *Baumbach-Lauterbach*, § 1025 Grundzüge Anm. 2 B; *Baumbach-Schwab*, Kap. 1 B III S. 51; *Blomeyer*, A., § 124 II 3 S. 709; *Blomeyer*, K., S. 67; *Haak*,

einen, zu untersuchen, wie — vor allem im Hinblick auf die genannten Thesen in der Literatur — Bedeutung und Gestaltung der Schiedsgerichtsbarkeit in der heutigen Praxis der Wirtschaft tatsächlich aussehen. Zum anderen sollen die Ursachen für das so gewonnene Bild von der modernen Praxis des Schiedsgerichtswesens in der Wirtschaft erörtert werden.

In Hinblick auf das Untersuchungsmaterial beschränkt sich die Arbeit zeitlich im wesentlichen auf die Jahre 1955—1964 und örtlich auf die Wirtschaft der Stadt Frankfurt am Main, wobei die geographischen Grenzen der Stadt nur in wenigen Ausnahmefällen überschritten werden. Als Objekt einer Untersuchung der Schiedsgerichtsbarkeit in der Praxis der Wirtschaft ist die bedeutende Frankfurter Wirtschaft[6] besonders geeignet. In ihr sind bis auf den Bergbau und die eisenschaffende Industrie alle größeren Industriezweige vertreten, wobei der Schwerpunkt bei der chemischen und der Investitionsgüterindustrie liegt. Daneben spielt die Bauwirtschaft eine bedeutende Rolle. Hinzu kommt die starke Konzentration der Banken, Versicherungen und des Handels mit den verschiedensten Sparten einschließlich herstellendem und verteilendem Buchhandel in Frankfurt am Main. Innerhalb des Handels ragen besonders der Handel mit NE-Metallen und der mit Getreide, Saaten, Futter- und Düngemitteln hervor, während andererseits der weitgehend seehafengebundene Rohproduktenhandel, wie er in Bremen und Hamburg konzentriert ist, im übrigen in Frankfurt am Main keine Rolle spielt. — Die in Frankfurt am Main ansässigen wirtschaftlichen Interessenverbände sind in erster Linie Wirtschaftsverbände aus der chemischen Industrie, der Maschinenbau- und Elektroindustrie, der Textilindustrie, der Papier und Pappe verarbeitenden Industrie und der Genuß- und Nahrungsmittelindustrie einschließlich der Getränkeindustrie, weiterhin besonders solche aus dem Groß- und Ex- und Importhandel, dem herstellenden und verteilenden Buchhandel sowie dem Verkehrswesen.

Sachlich ist die Arbeit, wie bereits erwähnt, auf die Schiedsgerichtsbarkeit in der Praxis der Wirtschaft begrenzt. Die Wirtschaft wird verstanden als die Gesamheit der Einrichtungen und Maßnahmen, die, möglicherweise auch nur indirekt, wie es bei den wirtschaftlichen

S. 97; *Lent-Jauernig*, § 94 I S. 262; *Nußbaum*, S. 7; *Pohle*, in Rechtsvergleichendes Handwörterbuch, Bd. 6, S. 163; *Rosenberg*, § 166 I 1 S. 844; *Schönke*, in Handwörterbuch der Sozialwissenschaften, Bd. 9, S. 119; *Schönke-Schröder-Niese*, § 99 I S. 474 f.; *Stein-Jonas-Schönke-Pohle*, vor § 1025 Anm. I 4.

[6] Die folgenden Angaben über die Frankfurter Wirtschaft beruhen auf: Sonderdruck der Mitteilungen der Industrie- und Handelskammer Frankfurt/Main Nr. 10 v. 15. Mai 1965, Mitteilungen der Industrie- und Handelskammer Frankfurt—Main 1966, S. 171 und Beilage zu den Mitteilungen der Industrie- und Handelskammer vom 1. 3. 1966.

Interessenverbänden der Fall ist, der Versorgung des Menschen mit knappen Gütern dienen[7]. Allerdings bleiben Landwirtschaft und Handwerk grundsätzlich außerhalb des Rahmens dieser Untersuchung, ausgenommen die von ihnen gebildeten und in Frankfurt am Main ansässigen Zusammenschlüsse. Grundsätzlich ist nur die Schiedsgerichtsbarkeit, die im 10. Buch der Zivilprozeßordnung ihre gesetzliche Grundlage hat, Gegenstand dieser Untersuchung. Unberücksichtigt bleibt daher das Schiedsgerichtswesen auf sozialpolitischem Gebiet, das seine eigene Regelung, die gemäß § 101 Abs. 3 ArbGG ausschließlich gilt, in den §§ 101 ff. ArbGG gefunden hat. Bei der hier untersuchten Schiedsgerichtsbarkeit im Sinne der Zivilprozeßordnung handelt es sich um diejenige Gerichtsbarkeit, bei der Privatgerichten, eben den Schiedsgerichten, die aus einem oder mehreren Schiedsrichtern bestehen, die Entscheidung bürgerlicher Rechtsstreitigkeiten im Sinne des § 3 EGZPO und des § 13 GVG an Stelle der staatlichen Gerichte durch Rechtsgeschäft übertragen ist[8]. Echte Schiedsgerichte sind demnach nur solche Einrichtungen, die auf einem Rechtsgeschäft beruhen. Folglich scheiden alle durch Gesetz oder Verordnung vorgesehenen öffentlich-rechtlichen Schiedsgerichte, auf die grundsätzlich auch das 10. Buch der Zivilprozeßordnung nicht anwendbar ist[9], für die Untersuchung aus. Das Schiedsgericht hat über einen Rechtsstreit zu urteilen. Ist dagegen nur über einzelne umstrittene Tatbestandsmerkmale, in erster Linie über bestimmte Tatsachen wie einen Schaden oder den Wert oder den Preis einer Sache zu entscheiden, und zwar derart, daß das Gericht in einem eventuellen späteren Prozeß grundsätzlich an diese Entscheidung gebunden ist, so handelt es sich um eine bloße Schiedsgutachtentätigkeit. Auch auf sie finden die §§ 1025 ff. ZPO keine Anwendung, sondern vor allem die §§ 317 bis 319 BGB, sei es unmittelbar oder analog[10]. Trotzdem ist das Schiedsgutachtenverfahren zumindest

---

[7] Staatslexikon für Recht, Wirtschaft, Gesellschaft, Stichwort „Wirtschaft", S. 718; Dr. Gablers Wirtschaftslexikon, Stichwort „Wirtschaft", Sp. 1945.

[8] *Baumbach-Schwab*, Kap. 1 A S. 49; *Baumbach-Lauterbach*, § 1025 Grundzüge Anm. 1 B, § 1025 Anm. 5 A; *Blomeyer*, A., S. 125 I S. 708; *Lent-Jauernig*, § 94 I, II S. 262, 263; *Rosenberg*, § 166 I 1 S. 843; *Schönke-Schröder-Niese*, § 99 I S. 474; *Thomas-Putzo*, vor § 1025 Anm. 1.

Entsprechend dieser Definition wird in der Arbeit unter Schiedsgericht nur der Spruchkörper selbst verstanden, nicht ein in der Praxis manchmal als Schiedsgericht bezeichneter Verwaltungskörper für einen oder mehrere Spruchkörper.

[9] RG 107, 352 (352 f.); 108, 194 (198); *Baumbach-Lauterbach*, Grundzüge § 1025 Anm. 1 D; *Baumbach-Schwab*, Kap. 1 A S. 49; *Rosenberg*, § 166 I 1 a S. 844; *Schönke-Schröder-Niese*, § 99 II 1 S. 475; *Stein-Jonas-Schönke-Pohle*, vor § 1025 Anm. II 1; *Thomas-Putzo*, vor § 1025 Anm. 1.

[10] So die grundsätzlich überwiegende Meinung: RG 96, 57 (59 ff.); 152, 201 (204); BGH 6, 335 (341); 9, 138 (145); 17, 366 (372); *Baumbach-Lauterbach*, Grundzüge § 1025 Anm. 3 A, B,E; *Baumbach-Schwab*, Kap. 1 C I, II S. 51 ff.;

beispielhaft in die Untersuchung eingeschlossen, und zwar schon deshalb, weil die Vereinbarung eines Schiedsgutachtenverfahrens bzw. das Schiedsgutachten selbst nicht selten in der Praxis äußerst schwer von der eines Schiedsverfahrens bzw. von einem Schiedsspruch abzugrenzen ist[11]. Schließlich muß das Schiedsgericht einen Rechtsstreit an Stelle der staatlichen Gerichte entscheiden. Ist das nicht der Fall, so kann es sich allenfalls um ein nicht vom Gesetz geregeltes Schlichtungsverfahren zum Zweck einer gütlichen, außergerichtlichen Einigung der Parteien handeln, also im Falle der Nichteinigung um eine bloße Vorstufe zu einem eventuellen Prozeß vor einem staatlichen oder einem Schiedsgericht. Schon als solche mögliche Vorstufe eines Schiedsverfahrens wird auch das Schlichtungsverfahren in der Arbeit berücksichtigt. Sind Schiedsgerichten der Verbände, möglicherweise unter der Bezeichnung Ehrengerichte, auch oder ausschließlich Maßnahmen privater Vereinsstrafgewalt zugewiesen, so sind sie auch insoweit in die Untersuchung einbezogen, und zwar dann unabhängig davon, ob sie rechtlich mit Rücksicht auf ihre organisatorische Stellung und ihre Aufgabe, die Vereinsstrafgewalt auszuüben, allgemein oder im Einzelfall als echte Schiedsgerichte im oben erläuterten Sinn anzusehen sind oder nicht. Denn bereits die theoretische Beantwortung dieser Frage ist äußerst umstritten[12].

An rund 100 möglichst repräsentativ für die Frankfurter Wirtschaft ausgesuchte Unternehmen[13] sowie an etwa 180 in Frankfurt am Main

---

Blomeyer, A., § 71 II 1 S. 359, § 124 I S. 705 f.; *Danckelmann* in *Palandt*, § 317 Anm. 2; *Grimm-Rochlitz*, S. 109 f.; *Rosenberg*, § 166 I 2 S. 847 f.; *Schmidt* in *Soergel-Siebert*, § 317 Anm. 2, 3; *Schönke-v. Staff*, S. 18 ff.; *Schönke-Schröder-Niese*, § 99 II 2 S. 475; *Stein-Jonas-Pohle*, vor § 1025 Anm. II 2 b, 3 a; *Thomas-Putzo*, vor § 1025 Anm. 2.

[11] Vgl. aus der Rspr. RG 152, 201 (204); 153, 193 (195 f.); BGH 6, 335 (338 f.); 9, 138 (144 f.), wonach neben der Frage, ob von den Parteien die Entscheidung über einen Rechtsstreit oder nur über ein Tatbestandsmerkmal gewollt ist, schließlich darauf abgestellt wird, ob diese Entscheidung ganz und gar endgültig oder doch im Rahmen des § 319 Abs. 1 Satz 2 BGB gerichtlich nachprüfbar sein soll.

[12] Mit dem RG, DR 1939, 1915 (1917) ist es m. E. zu bejahen, daß es sich auch insoweit um echte Schiedsgerichte handelt. Denn auch bei der Behandlung von Vereinsstrafen geht es um die Entscheidung von bürgerlichen Rechtsstreitigkeiten, nämlich solchen über die Unvereinbarkeit eines bestimmten Verhaltens mit der privatrechtlichen Satzung und über einen daraus resultierenden privatrechtlichen Anspruch des Verbandes auf Zahlung der Geldbuße oder Vollziehung einer sonstigen Strafe. Daß die Konsequenzen in einer privaten Strafe anstatt etwa einem privatrechtlichen Schadensersatz liegen, vermag daran nichts zu ändern, s. *Rosenberg*, § 166 I 1 d und e S. 845. Vgl. in dieser Streitfrage insbesondere auch die Ausführungen von *Meyer-Cording*, S. 129 f., die im Ergebnis im Anschluß an die Definition des Bundesverfassungsgerichtes, wonach Rechtsprechung „Gesetzesanwendung auf einen Pflichtwidrigkeitstatbestand durch eine unabhängige Instanz ist", BVerfG 4, 74 ff. (93), auch die Schiedsgerichte insoweit als echte Schiedsgerichte ansieht.

[13] Bei den Unternehmen wird auch die öffentliche Hand berücksichtigt,

ansässige wirtschaftliche Interessenverbände[14] wandte ich mich mit dem Bemühen, Tatsachenmaterial für diese Arbeit zu erhalten. Von 90 Unternehmen und annähernd 165 der Zusammenschlüsse erhielt ich teils schriftlich und teils im Gespräch Auskunft[15]. Sie wurde ergänzt durch die Einsichtnahme ins Handels-, Genossenschafts-, Vereins- und Kartellregister sowie in die Akten der Schiedssachen beim Amtsgericht und beim Landgericht Frankfurt am Main aus den Jahren 1955—1964. Darüber hinaus informierte ich mich über die Problematik der Arbeit bei einer Reihe von Frankfurter Rechtsanwälten, die im wesentlichen für Handel und Industrie oder für Banken tätig sind.

Bei der Sammlung des Tatsachenmaterials wurde kein Fragebogen verwandt, da sich die Methode der direkten Befragung sehr schnell als die fruchtbarere erwies. Dabei wurde besonders auf die Klärung folgender Punkte Wert gelegt:

Wie oft kommen Schiedsklauseln[16] vor?

---

soweit sie sich fiskalisch, z. B. durch kommunale Eigenbetriebe, wie ein privates Unternehmen betätigt.

[14] Das sind vor allem die Wirtschaftsverbände und verwandte Bildungen, d. h. Zusammenschlüsse von Unternehmen, und zwar meist des gleichen fachlichen Wirtschaftszweiges, die wenigstens auch, im mittelständischen Bereich z. B. öfters neben der Tätigkeit als Arbeitgeberverband, die wirtschaftlichen Interessen ihrer Mitglieder fördern, sie insbesondere gegenüber der Öffentlichkeit, der Legislative und der Exekutive vertreten. Vgl. *Huber*, Bd. 1, § 25 I S. 243 f.; Dr. Gablers Wirtschaftslexikon, Bd. 2, Stichwort „Verbände" IV, Sp. 1564; *Schneider*, S. 9: Interessenverbände im engeren Sinn; Staatslexikon für Recht, Wirtschaft, Gesellschaft, Stichwort „Verbände" — 4. Verbandstypik, Sp. 4 f.; Stichwort „Wirtschaftsverbände" — 1. Begriff, Sp. 851 f. Unter den untersuchten wirtschaftlichen Interessenverbänden sind auch die Börsen, berufsständischen Kammern von Handel und Industrie, Landwirtschaft und Handwerk und deutsch-ausländischen Handelskammern in Frankfurt am Main sowie die ebenfalls wirtschaftliche Interessen verfolgenden Kartelle, dagegen nicht die Berufsorganisationen, die Vereinigungen der Wirtschaft mit der Aufgabe technischer und wissenschaftlicher Forschung und Beratung ihrer Mitglieder oder die reinen Arbeitgeberverbände, die nicht die spezifisch wirtschaftlichen, sondern ausschließlich die sozialen und sozialpolitischen Interessen ihrer Mitglieder gegenüber den Arbeitnehmerverbänden wahrnehmen.

[15] Ein jedesmal erneuter Hinweis auf die privaten Auskünfte erfolgt bei deren Darstellung und Verwertung im Laufe der Arbeit nicht mehr. Bei der Darstellung und Verwertung des im Zusammenhang mit den Auskünften erhaltenen Materials wird die Quelle nur zitiert, wo es mir gestattet ist, sie zu nennen.

[16] Den Begriff Schiedsklausel verwende ich zum einen im weiteren Sinn als Oberbegriff für die einseitig anordnende Bestimmung der Zuständigkeit eines Schiedsgerichts (§ 1048 ZPO) und die vertraglich erfolgende Bestimmung der Zuständigkeit eines Schiedsgerichts (§ 1025 ZPO). Ich benutze diesen Begriff aber vor allem im engeren Sinn für die einseitig anordnende Bestimmung der Zuständigkeit eines Schiedsgerichts, während speziell der vertraglich erfolgenden Bestimmung dieser Zuständigkeit die Begriffe Schiedsvertrag oder Schiedsvereinbarung vorbehalten bleiben.

Wo kommen Schiedsklauseln vor?

Wie oft und wo kommt es zu Schiedsverfahren?

Wie sieht die praktische Gestaltung der Schiedsgerichtsbarkeit aus?

Wie steht es mit der Bedeutung der Schiedsgutachtentätigkeit?

Welche Bedeutung hat die Schlichtungstätigkeit?

Warum bedient man sich der Schiedsgerichtsbarkeit, oder weshalb tut man das nicht

im Hinblick auf den Abschluß von Schiedsklauseln,

im Hinblick auf die Durchführung von Schiedsverfahren?

Wie ist die Einstellung speziell zu den Schiedsrichtern?

Welche Rolle spielen besonders der Ausschluß der Öffentlichkeit sowie der Zeit-, der Kosten- und der Machtfaktor?

Im Ergebnis gleiche Antworten auf im Ergebnis gleiche Fragen erlaubten unter Berücksichtgung der Verhältnisse in jedem Einzelfall häufig eine Verifizierung der Antworten. Das gewonnene Tatsachenmaterial erhielt teilweise eine detaillierte Darstellung in Tabellenform. Sie befindet sich zur Erleichterung des Lesens insgesamt in einem Anhang mit Erläuterungen am Ende der Arbeit.

Bei der Beschaffung des Tatsachenmaterials ergaben sich trotz der angewandten Methode teilweise noch beträchtliche Schwierigkeiten. Im Schiedsgerichtsverfahren herrscht oft eine „wirtschaftliche", „kaufmännische", „unjuristische", „nicht so genaue"[17] Verfahrens- und Beurteilungsweise, die häufig kein exaktes Tatsachenmaterial entstehen läßt. Genaue Zahlenunterlagen bestehen im allgemeinen nur bei Interessenverbänden, die bei der Abwicklung von Schiedsverfahren im Rahmen ihres Schiedsgerichtswesens mitwirken. Da grundsätzlich weder die Schiedsverfahren öffentlich sind noch die Schiedssprüche veröffentlicht werden, ist überwiegend an Material über die konkreten Verfahren oder an Schiedssprüche nicht heranzukommen. Wenn es um die Nennung oder Freigabe von Tatsachen- oder Zahlenmaterial ging, war nicht selten eine Zurückhaltung der Angesprochenen unverkennbar[18].

---

[17] So von den angesprochenen Praktikern häufig in dieser Beziehung gebrauchte Ausdrücke.

[18] Diese Zurückhaltung bezüglich der Mitteilung von Tatsachen- oder Zahlenmaterial ist nach wie vor stark verbreitet. In der Untersuchung von Heinz *Devin*, Assessor in der Brauindustrie, über „Schiedsgerichts- und Schiedsgutachtenverträge in der Brauindustrie", S. 1, findet sich die Feststellung, daß die Aufgabe erschwert worden sei, weil es sich bei den einzelnen Verträgen um Fragen handele, deren Regelung der Kaufmann nicht gern mitteile. R. *Breitling* schreibt zu seinem Werk „Die Verbände in der Bundesrepublik", S. 3: „Die größten Schwierigkeiten ergaben sich bei der Materialbeschaffung." Selbst in dem vom Magistrat der Stadt Frankfurt/

Das alles ist vor allem bei dem Versuch der zahlenmäßigen Erfassung des Schiedsgerichtswesens in der Wirtschaft zu berücksichtigen. In jedem Fall vermögen die in der Arbeit erscheinenden Zahlen jedoch wenigstens Anhaltspunkte zu geben und zum Erkennen gewisser Tendenzen im Schiedsgerichtswesen beizutragen. Auf der anderen Seite wurde mir insgesamt gesehen von nicht wenigen der Angesprochenen großzügige Hilfe zuteil. Für sie wie für alle dieser Arbeit gewährte Unterstützung bedanke ich mich auch an dieser Stelle noch einmal sehr. Diese Hilfe und Unterstützung machten trotz der genannten Schwierigkeiten die vorliegende rechtstatsächliche und rechtssoziologische Untersuchung über die Schiedsgerichtsbarkeit in der Praxis der Wirtschaft möglich.

Main herausgegebenen, von Franz *Lerner* bearbeiteten „Almanach der Frankfurter Wirtschaft", Ausgabe 1964/65, S. 11, liest man: „Wer rund 1000 Firmen und Verbände um ihre Mithilfe angeht, erhält bei der unterschiedlichen Einstellung zur Publizität, die leider immer noch in Kreisen der Wirtschaft anzutreffen ist, recht ungleichmäßige Antworten. Daraus erklären sich manche Mängel, die dieser Publikation anhaften."

Erster Teil

Die Rechtstatsachen des Schiedsgerichtswesens in der Wirtschaft Frankfurts

A. Die Schiedsgerichtsbarkeit in der Praxis der Unternehmen

I. Die tatsächliche Bedeutung

a) Die Häufigkeit von Schiedsklauseln im Rahmen bestimmter Branchen[1]

§ 2: Bei 55 der insgesamt 90 ganz verschiedenen Branchen angehörenden Unternehmen, die ich erfaßt habe, spielt die Schiedsgerichtsbarkeit zumindest derart eine Rolle, daß sich im Rahmen ihrer Geschäftsbeziehungen Schiedsklauseln finden. Sie sind meist für zukünftige Streitigkeiten abgeschlossen.

1. Die Häufigkeit von Schiedsklauseln in der Bankwirtschaft

Für die Banken[2] spielt die Schiedsgerichtsbarkeit im eigentlichen Bankgeschäft allenfalls im Zusammenhang mit Konsortialverträgen eine Rolle[3], sonst aber nicht. Das bestätigt ein Blick in die seit 1936 bestehenden und nur geringfügig geänderten einheitlichen Allgemeinen Geschäftsbedingungen der privaten deutschen Banken sowie die der anderen Bankgruppen, die im wesentlichen mit denen der Privatbanken übereinstimmen[4] und alle keine Schiedsklauseln enthalten. Soweit

---

[1] Bei allen Unterscheidungen der Unternehmen nach ihrem Gegenstand oder ihrer Branche wird vom hauptsächlichen Gegenstand des Unternehmens ausgegangen.

[2] Die Bezeichnung Bank wird jeweils als die einzelnen Bankgruppen der öffentlichen Banken, der Privatbanken, der Sparkassen und der Genossenschaftskassen umfassend gebraucht.

[3] So wird auch im Bankgeschäftlichen Formularbuch die Schiedsgerichtsbarkeit nur im Zusammenhang mit dem Konsortialvertrag behandelt (S. 249), während sie von der übrigen in der folgenden Anmerkung zitierten bankfachlichen Literatur im Zusammenhang mit dem eigentlichen Bankgeschäft überhaupt nicht berührt wird.

[4] Vgl. die im Bankgeschäftlichen Formularbuch, S. 7 ff., abgedruckten all-

die Banken überhaupt Schiedsklauseln vereinbaren, geschieht dies, abgesehen von den Konsortialverträgen, außerhalb ihres eigentlichen Geschäftsbereiches, z. B. gemäß „Allgemeinen Vertragsbedingungen für die Ausführung von Bauleistungen" bei einer Großbank oder in Mietverträgen, vor allem über Banklokale, die eine Wertsicherungsklausel enthalten.

2. Die Häufigkeit von Schiedsklauseln in der Versicherungswirtschaft

Die Versicherungen haben im Versicherungsgeschäft selbst im Rahmen von Rückversicherungsverträgen, in die ganz regelmäßig eine Schiedsvereinbarung aufgenommen wird[5], mit der Schiedsgerichtsbarkeit zu tun. Außerdem spielt die Schiedsgerichtsbarkeit noch im Rahmen der Transportversicherung eine Rolle[6], sonst nicht[7]. Dagegen ist im eigentlichen Versicherungsgeschäft auf dem Gebiet der Schadens- und Unfallversicherung die Vereinbarung von Schiedsgutachtenverträgen von großer Bedeutung[8]. Das hat bereits in den gegenüber § 319 BGB Spezialregelungen darstellenden §§ 64, 184 VVG[9] seinen Niederschlag gefunden; danach ist u. a. die Feststellung einzelner Voraussetzungen des Anspruchs aus der Versicherung oder die Feststellung der Höhe des Schadens bzw. das Maß der durch einen Unfall herbeigeführten Einbuße an Erwerbsfähigkeit durch Sachverständige, die unabhängig von ihrer Bezeichnung jeweils als Schiedsgutachter tätig sind[10], unverbindlich, wenn die Feststellung offenbar von der wirklichen Sachlage erheblich abweicht. Für die grundlegenden Allgemeinen Versicherungsbedingungen der wichtigsten Versicherungszweige der Schadens- und Unfallversicherung, die durchweg einheitlich von der Versicherungswirtschaft angewandte Verbandsbedingungen sind[11], ergibt

---

gemeinen Geschäftsbedingungen der Privatbanken sowie *Hofmann*, S. 681 Anm. 1; *Müller-Löffelholz*, Stichwort „Allgemeine Geschäftsbedingungen" II S. 46; Enzyklopädisches Lexikon für das Geld-. Bank- und Börsenwesen, Stichwort „Allgemeine Geschäftsbedingungen" I a. E. S. 51.

[5] Wie die privaten Auskünfte der Praxis auch *Büchner*, S. 137; *Prölss, VVG*, § 186 Anm. 2 a. E.

[6] Vgl. § 18 des Speditions- und Rollfuhrversicherungsscheins.

[7] Wie die privaten Auskünfte der Praxis *Siebert*, in Handwörterbuch des Versicherungswesens, Stichwort „Schiedsgericht" III Sp. 1818.

[8] Wie die Auskünfte der Praxis auch hier *Siebert*, a.a.O., Sp. 1821.

[9] *Prölss*, VVG, § 64 Anm. 13.

[10] *Prölss*, VVG, § 64 Anm. 2; *Wussow*, § 15 Anm. 1.

[11] Vgl. *Bruck-Möller*, Einl. Anm. 20; ein Außenseiter in dieser Hinsicht ist der Gerling-Konzern. — Nach der neuen Fassung des § 4 Abs. 1 PflichtVG vom 5. 4. 1965 ist ein Abweichen von den besonders wichtigen Allgemeinen Bedingungen für die Kraftverkehrsversicherung (AKB) bereits ohne Allgemeinverbindlichkeitserklärung weitgehend praktisch ausgeschlossen.

sich im Hinblick auf Schiedsgutachtenklauseln folgendes Bild: Nach § 15 der Allgemeinen Feuerversicherungsbedingungen (AFB)[12], § 12 der Allgemeinen Deutschen Binnen-Transportversicherungsbedingungen (ADB)[13], § 15 der Allgemeinen Einbruchdiebstahlversicherungsbedingungen (AEB)[14], § 14 der Allgemeinen Bedingungen für die Kraftverkehrsversicherung (AKB)[15], § 18 C, D der Allgemeinen Hagelversicherungsbedingungen (AHagB)[16] und nach § 12 der Allgemeinen Unfallversicherungs-Bedingungen (AUB)[17] entscheidet ein häufig sogenannter „Sachverständigenausschuß" oder eine öfters sogenannte „Ärztekommission" im Fall der Nichteinigung über die Höhe des Schadens oder über den Umfang der erforderlichen Wiederherstellungskosten oder über Art und Umfang von Unfall-Folgen sowie die Ursächlichkeit eines Versicherungsfalles für den Schaden. Nach § 25 der Versicherungs-Police auf Kasko für die Schiffahrt auf Binnengewässern (KaskoB)[18] entscheidet, wenn sich die in jedem Fall tätig werdenden beiden Sachverständigen über die Höhe des Schadens nicht einigen können, ein dritter Sachverständiger. In den Allgemeinen Versicherungsbedingungen für die Tierlebensversicherung, den Allgemeinen Versicherungsbedingungen für die Haftpflichtversicherung, den Allgemeinen Lebensversicherungsbedingungen und in den Allgemeinen Versicherungsbedingungen der privaten Krankenversicherung finden sich keine Schiedsgutachtenklauseln. Im übrigen werden die Schiedsgutachtenklauseln im Versicherungswesen teilweise derart gestaltet, daß der Versicherungsnehmer zwischen einem Verfahren vor dem Gutachterausschuß und dem sofortigen Anrufen der staatlichen Gerichte wählen kann, so z. B. in den Bedingungen einer großen Lebensversicherung für die Unfall-Zusatzversicherung im Falle von Meinungsverschiedenheiten darüber, ob und in welchem Umfang der Tod auf den Unfall zurückzuführen ist, sowie in den Allgemeinen Versicherungsbedingungen für die Pensionsrentenversicherung und den Bedingungen für die Invaliditäts-Zusatzversicherung desselben Unternehmens für den Fall von Streitigkeiten darüber, seit wann und in welchem Grade der Versicherte erwerbsunfähig ist[19].

---

[12] Abgedruckt bei *Prölss*, VVG, Anh. II zu §§ 81—107c, S. 401 f.

[13] Abgedruckt bei *Prölss*, VVG, Anh. I zu §§ 129—148, S. 511.

[14] Abgedruckt bei *Prölss*, VVG, Zusatz I zu §§ 81—107c, S. 422.

[15] Abgedruckt bei *Prölss*, VVG, Anhang II zu §§ 149—158 K, S. 722 f.

[16] Abgedruckt bei *Prölss*, VVG, Anhang zu §§ 108—115a, S. 442.

[17] Abgedruckt bei *Prölss*, VVG, Anhang zu §§ 179—185, S. 883 ff.

[18] Abgedruckt bei *Prölss*, VVG, Anh. II zu § 129—148, S. 521.

[19] Vgl. die entsprechenden Versicherungsbedingungen der „Alten Leipziger" Lebensversicherungsgesellschaft auf Gegenseitigkeit.

3. Die Häufigkeit von Schiedsklauseln in Handel und Industrie

Zu jenen 55 Unternehmen mit Schiedsklauseln in ihren Geschäftsbeziehungen gehören 49 der erfaßten Unternehmen aus Handel und Industrie[20]. Bei etwa einem Viertel der erfaßten Unternehmen aus Handel und Industrie finden sich dagegen in den Geschäftsbeziehungen nicht einmal irgendwelche Schiedsklauseln, geschweige denn, daß diese Unternehmen an Schiedsverfahren beteiligt gewesen wären. Dabei handelt es sich mit zwei Ausnahmen um Unternehmen, deren Geschäftsbeziehungen[21] auf das Inland beschränkt sind.

Haben die Unternehmen aus Handel und Industrie mit der Schiedsgerichtsbarkeit zu tun, so ist das zwar meist sowohl in inländischen als auch in internationalen Geschäftsbeziehungen der Fall, aber ganz überwiegend mit einem deutlichen Schwergewicht in den internationalen Geschäftsbeziehungen. Soweit für die Unternehmen das Schiedsgerichtswesen nur innerhalb inländischer Geschäftsbeziehungen von Bedeutung ist, sind entweder die Geschäftsbeziehungen dieser Unternehmen im allgemeinen auf das Inland beschränkt, z. B. bei kommunalen Eigenbetrieben, oder die Schiedsgerichtsbarkeit spielt bei ihnen nur im Innenverhältnis eine Rolle. Die Auskunft, wonach „regelmäßig", „grundsätzlich" oder wenigstens „häufig"[22] Schiedsverträge abgeschlossen werden, gab eine ganze Reihe der Unternehmen mit Schiedsklauseln in den Geschäftsbeziehungen. Fast immer aber machten diese Unternehmen diese Angaben nur im Hinblick auf ihren internationalen Geschäftsverkehr. Dabei vereinbaren sie besonders häufig die Zuständigkeit eines Schiedsgerichts nach der Vergleichs- und Schiedsordnung der Internationalen Handelskammer in Paris. Allerdings wird die Klausel der Internationalen Handelskammer nie im Handelsverkehr mit den Ostblockländern verwendet. Bei der Mehrzahl der Unternehmen aus Handel und Industrie, in deren Geschäftsbeziehungen sich Schiedsklauseln finden, ist das nur „öfters", „selten", „relativ wenig"

---

[20] Dabei werden unter den Unternehmen aus Handel und Industrie auch einige aus der Bauwirtschaft und aus dem Verkehrswesen sowie einige Versorgungsunternehmen und ein Werbeunternehmen erfaßt.

[21] Als Geschäftsbeziehungen werden auch die Beziehungen im Innenverhältnis gesellschaftlich oder genossenschaftlich organisierter Unternehmen verstanden. Dagegen werden hier nicht die Beziehungen der Unternehmen zu wirtschaftlichen Interessenverbänden, deren Mitglieder sie sind, erfaßt. Über die Schiedsgerichtsbarkeit im Rahmen der Mitgliedschaft der Unternehmen in wirtschaftlichen Interessenverbänden war von den Unternehmen kaum etwas zu erfahren. Ich beschränke mich daher insoweit auf die späteren Ausführungen im Rahmen der speziellen Untersuchung über die Schiedsgerichtsbarkeit bei den wirtschaftlichen Interessenverbänden.

[22] So die in diesem Zusammenhang von den Auskunftgebenden in erster Linie gebrauchten Worte.

oder nur in bestimmten Arten von Verträgen der Fall, spielt der Abschluß von Schiedsvereinbarungen „keine wesentliche Rolle“[23]. Soweit er eine Rolle spielt, trifft das wiederum überwiegend auf die internationalen Geschäftsbeziehungen dieser Unternehmen zu .

Es ist vor allem die Textilbranche, in der Schiedsklauseln innerhalb Allgemeiner Geschäftsbedingungen, und zwar in der Form kartellierter Verbandsgeschäftsbedingungen, von Bedeutung sind. § 12 der „Einheitsbedingungen der deutschen Textilindustrie“ und § 12 der „Einheitsbedingungen der Bekleidungsindustrie“ vom 1. Januar 1960[24] lauten:

„Streitigkeiten aus dem Vertrag werden durch das ordentliche Gericht oder ein vereinbartes Schiedsgericht entschieden. Wenn das Schiedsgericht nicht als ausschließlich zuständig vereinbart ist, ist das zuerst angerufene Gericht zuständig.“

Wörtlich gleiche Bestimmungen finden sich in den speziellen Allgemeinen Geschäftsbedingungen der Weberei, der Maschenindustrie und der Stoffdruckerei. In den „Einheitsbedingungen für Textil- und Lohnveredelungsaufträge“ heißt es in § 23:

„Alle Streitigkeiten aus dem diesen Bedingungen unterliegenden Geschäftsverkehr werden entweder durch das ordentliche Gericht oder durch das in § 24[25] vorgesehene Schiedsgericht entschieden. Ist die Anrufung eines der beiden Gerichte erfolgt, so ist der Einwand der Unzuständigkeit ausgeschlossen.“

Nach diesen Allgemeinen Geschäftsbedingungen aus der Textilbranche verbleibt einer Partei, nämlich der klagenden, im konkreten Streitfall die Wahl, ob sie ein ordentliches oder ein Schiedsgericht anrufen will. Ich bezeichne solche Schiedsklauseln für zukünftige Rechtsstreitigkeiten als einseitig fakultative Schiedsklauseln im Gegensatz zu den gewöhnlichen obligatorischen Schiedsklauseln, auf Grund derer die Zuständigkeit des Schiedsgerichts für beide Parteien endgültig bestimmt wird. Schiedsklauseln finden sich weiterhin in den Lieferbedingungen für eine Gruppe der Reiß-Spinnstoffindustrie sowie im „Deutschen Garnkontrakt“ (Nr. 10), das sind die Zahlungs- und Lieferungsbedingungen der Baumwollspinnerei[26], während die Zahlungs- und Lieferungsbedingungen der Kammgarnspinner keine Schiedsklausel enthalten. Sowohl in der Textilwirtschaft als auch in anderen

---

[23] Vgl. zu den in Anführungszeichen gesetzten Ausdrücken Anmerkung 22.

[24] Vgl. dazu *Hub*, S. 3: „Wieder hat sich eine mächtige Gruppe der Gesamtwirtschaft eine eigene Vertragsordnung gegeben, nach welcher etwa 80.000 Kaufleute ihre Rechtsgeschäfte abwickeln.“ und S. 68 Anmerkungen zu § 12.

[25] § 24 enthält Bestimmungen über Bildung, Zusammensetzung und Verfahren des Schiedsgerichts.

[26] Sie umfaßt auch die Verarbeitung von Zellwolle und vor allem der immer wichtiger werdenden synthetischen Fasern.

Branchen enthalten die von den Unternehmen selbst für ihren eigenen Gebrauch aufgestellten allgemeinen Geschäfts-, Zahlungs- und Lieferungsbedingungen allenfalls ausnahmsweise Schiedsklauseln. Man beläßt es hier bei der fast immer eingefügten Bestimmung des Gerichtsstandes.

b) Die Häufigkeit von Schiedsklauseln im Rahmen bestimmter Rechtsverhältnisse

§ 3: Betrachtet man die Vereinbarung von Schiedsklauseln unter dem Gesichtspunkt von Leistungsgegenstand bzw. Leistungsinhalt, so sind einmal Know-how-Abkommen und Lizenzverträge zu nennen. Sie enthalten regelmäßig eine Schiedsvereinbarung[27]. Weiterhin wird in Verträgen über die Lieferung von Investitionsgütern, die häufig noch mit Montageverträgen kombiniert sind, oft eine Schiedsklausel vereinbart, besonders in den internationalen Geschäftsbeziehungen. Hier hat beispielsweise bei einem mittleren Unternehmen der Maschinenbauindustrie die Schiedsvereinbarung regelmäßig folgenden für eine Schiedsklausel allgemein typischen Wortlaut:

„Sämtliche Streitigkeiten und Meinungsverschiedenheiten, die sich zwischen dem Käufer und dem Verkäufer aus diesem Vertrag oder im Zusammenhang damit ergeben, werden durch ein Schiedsgericht entschieden."

Es folgen dann noch einige Vorschriften für die Bildung und das Verfahren des Schiedsgerichts, außerdem über das anzuwendende Recht. Im Zusammenhang mit der Lieferung von komplizierten technischen Apparaturen oder Maschinen ist auch der Abschluß von Schiedsgutachtenvereinbarungen keine Seltenheit. Häufig enthalten auch Kaufverträge über Unternehmen oder über Geschäftsanteile Schiedsklauseln. Dasselbe gilt für die Regelung von Erbauseinandersetzungen oder der Folgen von Scheidungen, wenn und soweit diese das Schicksal von Unternehmen beeinflussen. Schiedsklauseln finden sich ferner in Mietverträgen von Unternehmen mit zahlreichen Filialen wie etwa Banken oder Einzelhandelsfilialunternehmen. Auch in Pachtverträgen sind Schiedsvereinbarungen keine Seltenheit. Rahmenverträge enthalten vor allem auf internationaler Ebene häufig Schiedsklauseln[28].

Zwar enthält die Verdingungsordnung für Bauleistungen (VOB, DIN 1960/61, Fassung 1952) keine Schiedsklausel, sondern im Hinblick auf die Schiedsgerichtsbarkeit nur in Teil A § 10 Abs. 5 einen Hinweis auf die Formerfordernisse nach § 1027 ZPO für den eventuellen Abschluß einer Schiedsklausel zwischen Bauunternehmer und Bauherrn.

---

[27] Ähnlich den Auskünften aus der Praxis auch *Lüdecke-Fischer*, S. 635 Anm. I 4, wonach in „vielen Lizenzverträgen" Schiedsklauseln enthalten sind.

[28] Wie die Auskünfte der Praxis auch *Mezger*, in AWD 1964, S. 201 (203).

Tatsächlich aber finden sich in der Bauindustrie Schiedsklauseln sehr oft im Rahmen ihrer Verträge mit privaten Auftraggebern[29].

Schiedsvereinbarungen finden sich auch häufig in Handelsvertreterverträgen. In einem mir vom Landesverband der Handesvertreter und Handelskammer in Hessen überlassenen Mustervertrag[30] heißt es unter Ziffer 9 z. B.:

„Sollten sich aus diesem Vertragsverhältnis Streitigkeiten ergeben, so kann jeder Teil die Entscheidung durch ein Schiedsgericht ... fordern oder die ordentlichen Gerichte anrufen ... Wird ein Schiedsgericht gefordert und lehnt der andere Teil innerhalb einer Woche nach Zugang dieser Aufforderung die Entscheidung durch ein Schiedsgericht ab, so sind nur noch die ordentlichen Gerichte zuständig."

Nach dieser Schiedsklausel für zukünftige Rechtsstreitigkeiten haben also die Parteien, und zwar diesmal beide, im konkreten Streitfall die Möglichkeit, zwischen einem schiedsgerichtlichen Verfahren und einem Verfahren vor den staatlichen Gerichten zu wählen. Eine derartige Schiedsklausel bezeichne ich im Gegensatz zur obligatorischen und zur einseitig fakultativen Schiedsklausel schlicht als fakultative Schiedsklausel. Zur Vereinbarung der endgültigen Zuständigkeit des Schiedsgerichts im konkreten Streitfall bedarf es dann noch einer weiteren entsprechenden Schiedsvereinbarung zwischen beiden Parteien, mag diese nach § 1027 Abs. 1 Satz 2 oder Abs. 2 ZPO auch stillschweigend oder wenigstens formlos abgeschlossen werden. Nach der hier zitierten Fassung der Schiedsklausel soll die entsprechende Erklärung des Beklagten dann wohl bereits in seinem einwöchigen Schweigen auf die Forderung nach einem Schiedsverfahren gesehen werden[31].

---

[29] Ebenso *Gerland*, a.a.O., S. 4, 27, nach dem Schiedsverträge in der Bauindustrie auch auf kartellrechtlichem Gebiet üblich sind; vgl. auch das oben, S. 19 angeführte Beispiel einer Schiedsklausel in den „Allgemeinen Vertragsbedingungen für die Ausführung von Bauleistungen" einer Großbank.

[30] „Handelsvertretungsvertrag", Albert-Limbach-Verlag, Braunschweig, Febr. 1964, Bestell-Nr. 590.

[31] Vgl. in diesem Zusammenhang z. B. die Kombination von clause compromissoire und compromis im französischen Recht. Hier ist jede Vereinbarung, künftige Streitigkeiten durch ein Schiedsgericht entscheiden zu lassen, d. h. die clause compromissoire, die sich im Code de procédure civile überhaupt nicht erwähnt findet, erst ein Vorvertrag, dem dann in jedem Fall zur Begründung der Zuständigkeit des Schiedsgerichts im konkreten Streitfall der Abschluß des compromis folgen muß.

Allerdings besteht auf Grund der clause compromissoire im Gegensatz zu der hier behandelten fakultativen Schiedsklausel grundsätzlich eine Verpflichtung zum Abschluß des compromis. Vgl. das 3. Buch des Code de procédure civile von 1806, Art. 1003 ff.: „Des arbitrages", insb. Art. 1005 f., sowie *Mezger*, „Das Schiedsgerichtswesen in Frankreich", in *Schönke-Kielwein*, Bd. III, S. 1 ff. (S. 13 ff.).

Öfters finden sich Schiedsklauseln für das Innenverhältnis von Genossenschaften. Häufig sind Schiedsklauseln in Regelungen für das Innenverhältnis von Unternehmen, die in der Form von Gesellschaften betrieben werden. Allerdings gilt das nicht für kapitalbezogene Unternehmen, vor allem also nicht für Aktiengesellchaften[32], wohl aber für personenbezogene Gesellschaften, nicht zuletzt für kleinere und für Familienunternehmen oder für Handwerksbetriebe in der Form von Personengesellschaften. Dabei finden sich die Schiedsklauseln oft in einer vom Gesellschaftsvertrag oder der Satzung getrennten Urkunde. Des weiteren werden Schiedsklauseln in als Gesellschaftsverträge abgeschlossene Beteiligungsverträge aufgenommen. Oben[33] wurde bereits erwähnt, daß bei den Banken die Schiedsgerichtsbarkeit im Rahmen der Konsortialverträge, also von Verträgen zur Bildung regelmäßig bürgerlich-rechtlicher Gesellschaften, eine Rolle spielt. In der Bauindustrie findet sich regelmäßig in allen Arbeitsgemeinschaftsverträgen[34], also wiederum Verträgen vom Typ der bürgerlich-rechtlichen Gesellschaft, eine Schiedsvereinbarung[35]. Im Rahmen von Gesellschaftsverträgen wird im übrigen nicht selten wenigstens für Streitigkeiten im Zusammenhang mit dem Ausscheiden eines Gesellschafters oder der Auflösung der Gesellschaft eine Schiedsvereinbarung getroffen. Hier sind dann allerdings die Grenzen zur Schiedsgutachtenvereinbarung schon sehr fließend. Insgesamt ergibt sich jedoch, daß die Beilegung von Streitigkeiten im Zusammenhang mit Gesellschaftsverhältnissen heute eine der Domänen des Schiedsgerichtswesens in der Wirtschaft ist[36]. So sind Schiedsklauseln auf diesem Gebiet beispielsweise auch dort häufig, wo sich die beim Abschluß von Gesellschaftsverträgen zu Rate gezogenen Wirtschaftsanwälte — bei ihrer Befragung ergaben

---

[32] Vgl. als eines der seltenen Beispiele von Schiedsklauseln in der Satzung einer Aktiengesellschaft die Entscheidung des BGH in LM Nr. 1 zu § 199 AktG = MDR 1951, S. 674. Hier sollte nach der Satzung der Aktiengesellschaft ein Schiedsgericht für alle Streitigkeiten zwischen Aktionären und Gesellschaft zuständig sein.

[33] § 2, 1.

[34] Diese sogenannten Arge-Verträge werden heute regelmäßig zur gemeinsamen Ausführung von Großbauten zwischen mehreren Bauunternehmen abgeschlossen.

[35] Vgl. § 23 Abs. 1 des „Arbeitsgemeinschaftsvertrages", Bauverlag Wiesbaden-Berlin/Wibau Verlag Düsseldorf, Fassung 1961.

[36] So auch der Bericht der Kommission zur Vorbereitung einer Reform der Zivilgerichtsbarkeit, S. 182; vgl. auch *Thomas*, Vorwort zur 2. Aufl., S. VI: „Insbesondere in gesellschaftsrechtlichen Angelegenheiten hat sich die Inanspruchnahme von Schiedsgerichten immer mehr eingebürgert." und *Sudhoff*, der in alle seine Vertragsentwürfe für Personengesellschaften Schiedsklauseln aufgenommen hat, vgl. *Sudhoff*, Der Gesellschaftsvertrag der Personengesellschaften, S. 361, 405, 441, 474, 495. Ebenso enthält im Gegensatz zu *Sudhoffs* Mustervertrag auch sein Entwurf für den Gesellschaftsvertrag einer GmbH eine Schiedsklausel, vgl. *Sudhoff*, Der Gesellschaftsvertrag der GmbH, S. 448 ff. und S. 503 f.

sich insgesamt sehr unterschiedliche Einstellungen zur Schiedsgerichtsbarkeit — in der Empfehlung von Schiedsverträgen sehr zurückhaltend zeigen[37].

Nicht selten finden sich, wie bereits angedeutet, im Zusammenhang mit der Regelung für das Innenverhältnis gesellschaftlich organisierter Unternehmen auch Schiedsgutachtenvereinbarungen oder werden in Verbindung mit Gesellschaftsverträgen vereinbarte Schiedsgerichte zugleich mit Schiedsgutachtenaufgaben betraut, etwa mit der Entscheidung über gar nicht justiziable Geschäftsführungsfragen oder darüber, ob ein Gesellschafternachkomme als Geschäftsführer geeignet ist. Im Gesellschaftsvertrag eines großen als Gesellschaft mit beschränkter Haftung organisierten Verlages heißt es z. B.:

„Kommt eine Einigung über die Bedingungen (der Ausübung des den Gesellschaftern durch den Gesellschaftsvertrag gewährten Vorkaufsrechts für Gesellschafteranteile) nicht zustande, so kann jeder Gesellschafter innerhalb von weiteren acht Tagen bei der Industrie- und Handelskammer in Frankfurt am Main die Bestellung eines im Verlagswesen erfahrenen vereidigten Wirtschaftsprüfers beantragen, der den angemessenen Markt- und Handelswert des zur Verfügung angebotenen Gesellschafteranteils oder des Teiles eines Gesellschafteranteils auf Kosten der Gesellschaft zu bestimmen hat."

Und in anderem Zusammenhang:

„Erfolgt auch eine Ablehnung (durch die übrigen Gesellschafter) eines zweiten von dem Erben (eines verstorbenen Gesellschafters) benannten Vertreters (für die Gesellschafterversammlung), so entscheidet auf Antrag eines Erben das in § 18 vorgesehene Schiedsgericht über die Person des Vertreters."

c) Die Häufigkeit von Schiedsverfahren

§ 4: Neben der getroffenen Feststellung, inwieweit die Unternehmen mit der Schiedsgerichtsbarkeit wenigstens derart zu tun haben, daß sich innerhalb ihrer Geschäftsbeziehungen — meist bereits für zukünftige Streitigkeiten abgeschlossene — Schiedsklauseln finden, gibt über die Bedeutung des Schiedsgerichtswesens in der Praxis der Unternehmen die Frage Aufschluß, inwieweit es kraft dieser Schiedsklauseln zu Schiedsverfahren kommt.

Keine der befragten Banken und Versicherungen war nach deren Auskünften von 1955—1964 an einem Schiedsverfahren beteiligt. Nicht

[37] Z. B. enthalten von den internationalen Gesellschafts-, besonders Beteiligungsverträgen, die unter Mitwirkung eines bedeutenden, im wesentlichen überseeische Firmen beratenden Frankfurter Wirtschaftsanwaltes abgeschlossen werden, etwa 50 % eine Schiedsklausel, obwohl dieser Anwalt die Entscheidung über die Einfügung von Schiedsklauseln in die entsprechenden Verträge völlig den Parteien überläßt.

selten waren dagegen im Versicherungswesen Verfahren vor den auf Grund der Allgemeinen Versicherungsbedingungen berufenen Schiedsgutachtenkommissionen, vor allem soweit es sich um jene Gremien handelt, die über medizinische Sachfragen zu entscheiden haben.

40 Unternehmen aus Handel und Industrie machten im Hinblick auf die Zahl der Schiedsverfahren, an denen sie beteiligt waren, wenigstens in der folgenden Aufteilung verwertbare Auskünfte. Von diesen 40 Unternehmen waren von 1945—1964 14 und von diesen 14 von 1955 bis 1964 acht an Schiedsverfahren beteiligt. 13 der 40 Unternehmen waren seit ihrer meist viele Jahrzehnte zurückliegenden Gründung noch nie in ein Schiedsverfahren verwickelt; zwei waren es von 1945—1964 und vier von 1955—1964 nicht. Insgesamt waren also 19 unter den 40 Unternehmen innerhalb des Zeitraumes von 1955—1964 an keinem Schiedsverfahren beteiligt. Sieben der 40 Unternehmen erlebten zumindest „seit Jahren", „seit vielen Jahren", „in den letzten Jahren"[38] oder in einem kürzeren Zeitraum als dem von 1955—1964 keine Schiedsverfahren. Soweit die Unternehmen an Schiedsverfahren beteiligt waren, geschah das nach ihren Auskünften in der Zeit von 1955—1964 im allgemeinen selten, so bei einem sehr bedeutenden Unternehmen der Elektroindustrie, das im internationalen Geschäftsverkehr grundsätzlich immer Schiedsklauseln vereinbart, einmal, bei einem großen Unternehmen der Maschinenbauindustrie, das in mindestens 90 % aller bedeutenden Geschäfte Schiedsverträge abschließt, einmal und bei einem mittleren Unternehmen der Elektroindustrie, das im inländischen Geschäftsverkehr selten, im internationalen dagegen häufig Schiedsklauseln vereinbart, jedenfalls in den letzten sechs Jahren nur einmal. Ein großes Unternehmen der chemischen Industrie, das im inländischen Geschäftsverkehr wenig, im internationalen aber überwiegend Schiedsverträge abschließt, war an mehreren, zwei bedeutende Bauunternehmen, die häufig in Verträge mit privaten Auftraggebern und regelmäßig in die Arbeitsgemeinschaftsverträge Schiedsklauseln aufnehmen, waren ab und zu, die Stadt Frankfurt am Main kraft der Schiedsklauseln in ihren Pachtverträgen über Gaststätten war öfters und eine teilweise privatrechtlich tätige Behörde, die in bestimmten Kaufverträgen über Grundnahrungsmittel, wie in dieser Branche üblich, immer Schiedsklauseln vereinbart, war im Rahmen dieser Verträge ziemlich häufig an Schiedsverfahren beteiligt. Stärker als die hier angeführten Ausdrücke in bezug auf eine höhere Anzahl von Schiedsverfahren waren die von den Auskunftgebenden gebrauchten Ausdrücke nie. Unter den Unternehmen aus Handel und Industrie, die von 1955—1964 an keinem Schiedsverfahren beteiligt waren, sind viele, die häufig

[38] So die meist von ihnen in diesem Zusammenhang gemachten Angaben.

oder — im internationalen Geschäftsverkehr — regelmäßig Schiedsklauseln vereinbaren. Dabei handelt es sich um Unternehmen sehr unterschiedlicher Größenordnung, weltbedeutende Industrieunternehmen ebenso wie kleine Importfirmen ganz verschiedener Branchen. Im übrigen zeigt sich allgemein, daß in den Geschäftsbeziehungen innerhalb der Großindustrie, gleich welcher Branche, Schiedsverfahren so gut wie nicht vorkommen.

Auch speziell hinsichtlich der oben[39] dargelegten Rechtsverhältnisse, in deren Rahmen Schiedsklauseln oft abgeschlossen werden, kommt es nur zu wenigen Schiedsverfahren; selbst im Zusammenhang mit den Regelungen des Innenverhältnisses von Unternehmen und im Zusammenhang mit Gesellschaftsverträgen allgemein sind Schiedsverfahren selten.

II. Die praktische Gestaltung der Schiedsgerichtsbarkeit der Unternehmen

Die Gestaltung der Schiedsgerichtsbarkeit in den Geschäftsbeziehungen der Unternehmen wird bis auf den Umfang der Zuständigkeit der Schiedsgerichte hier nur insoweit dargestellt, als sich in den Schiedsklauseln selbst Bestimmungen über die Gestaltung der Schiedsgerichtsbarkeit finden. Dagegen wird sie hier nicht berücksichtigt, wenn die Schiedsklauseln in den Geschäftsbeziehungen der Unternehmen mit der Begründung der Zuständigkeit nur den Verweis auf das Schiedsgericht oder eine entsprechende Schiedsgerichtsordnung eines wirtschaftlichen Interessenverbandes enthalten, wie z. B. die die Zuständigkeit des Schiedsgerichts der Internationalen Handelskammer in Paris begründende Schiedsklausel. Sie lautet in der von der Internationalen Handelskammer vorgeschlagenen Formulierung:

„Alle aus dem gegenwärtigen Vertrag sich ergebenden Streitigkeiten werden nach der Vergleichs- und Schiedsordnung der Internationalen Handelskammer von einem oder mehreren gemäß dieser Ordnung ernannten Schiedsrichtern endgültig entschieden[1].“

Die Gestaltung der Schiedsgerichtsbarkeit dieser Verbände wird erst unten bei der Untersuchung der Schiedsgerichtsbarkeit der wirtschaftlichen Interessenverbände dargestellt[2] und, um den Rahmen der Arbeit zu wahren, nur insoweit, als die Interessenverbände in Frankfurt am Main ansässig sind.

---

[39] Vgl. § 3.

[1] Vergleichs- und Schiedsordnung der IHK vom 1. 6. 1955, Paris 1955, S. 3.

[2] Vgl. S. 45 ff.

a) Der Umfang der Zuständigkeit der Schiedsgerichte

§ 5: Die von den Unternehmen vereinbarten Schiedsgerichte sind zwar nicht der Zahl der Unternehmen und schon gar nicht der Gerichte, aber der Zahl der Vereinbarungen nach überwiegend solche institutioneller Art, d. h. Schiedsgerichte, deren abstrakt bestimmter Zuständigkeitsbereich die Entscheidung von Streitigkeiten aus einer — meist unbestimmten — Vielzahl von Rechtsverhältnissen umfaßt. Institutionelle Schiedsgerichte sind danach zum Beispiel die Schiedsgerichte der Industrie- und Handelskammern und der Wirtschaftsverbände sowie meist die im Zusammenhang mit Gesellschaftsverhältnissen geschaffenen Schiedsgerichte. Häufig aber sind die von den Unternehmen vereinbarten Schiedsgerichte auch solche isolierter Art, d. h. Schiedsgerichte, die nur über die innerhalb eines bestimmten Rechtsverhältnisses entstandenen Streitigkeiten zu entscheiden haben[3]. Bei vielen Unternehmen kommt die Vereinbarung sowohl institutioneller als auch isolierter Schiedsgerichte vor.

Im Hinblick auf die sachliche Zuständigkeit der durch die Unternehmen vereinbarten Schiedsgerichte werden von einzelnen Unternehmen Eilsachen regelmäßig ausdrücklich ausgenommen. In der Schiedsklausel eines Unternehmens der Elektroindustrie heißt es z. B.:

„Das Recht, in Eilfällen Entscheidungen der ordentlichen Gerichte (Arreste, einstweilige Verfügungen) zu erwirken, bleibt unberührt."

Für die Anordnung eines Arrests oder einer einstweiligen Verfügung sind allerdings die Schiedsgerichte ohnehin nie zuständig. Denn es fehlt ihnen die hierfür notwendige Zwangsgewalt[4]. Manchmal sind auch Wechsel- und Urkundenklagen, sowie reine Zahlungsstreitigkeiten von der Zuständigkeit des Schiedsgerichts ausgenommen. In den Zahlungs- und Lieferungsbedingungen der Baumwollspinnerei, dem „Deutschen Garnkontrakt", heißt es z. B. in diesem Zusammenhang unter Nr. 10 Abs. 2:

---

[3] Ich folge für das institutionelle wie das isolierte Schiedsgericht den Definitionen von Kees, a.a.O., S. 40 f. Die isolierten Schiedsgerichte werden häufig als Gelegenheitsschiedsgerichte, vgl. z. B. *Baumbach-Schwab*, Kap. 30 B III S. 232, die institutionellen werden öfters auch als ständige Schiedsgerichte, vgl. z. B. *Mathies*, „Die ‚ständigen' Schiedsgerichte des Hamburger Großhandels"; *Rosenberg*, § 166 III 1 S. 854 und *Schönke-v. Staff*, S. 263, bezeichnet. Diese Begriffe möchte ich als mißverständlich vermeiden, weil das sogenannte ständige Schiedsgericht weder ständig tagen noch unveränderlich zusammengesetzt sein muß und das sogenannte Gelegenheitsschiedsgericht leicht als bloß bei Gelegenheit eines schon entstandenen Streites vereinbartes Schiedsgericht aufgefaßt werden kann; vgl. insoweit auch *Kees*, S. 41.

[4] RG 31, 370 (374 f.); *Baumbach-Lauterbach*, § 1034 Anm. 5 und *Baumbach-Schwab*, Kap. 5 B II a S. 79.

„Bei reinen Zahlungsstreitigkeiten sowie bei Erwirkung eilbedürftiger Rechtshandlungen wie Arrest, einstweilige Verfügung, Wechselklagen, ist die Anrufung der ordentlichen Gerichte freigestellt."

Ohne Ausschlußklausel umfaßt die Schiedsvereinbarung aber die Wechsel-, Scheck- oder Urkundenklage auch nur, wenn der entsprechende Wille bei den Parteien „handgreiflich" ist[5].

Nicht selten findet sich in den Schiedsklauseln der Unternehmen die Bestimmung, daß die sachliche Zuständigkeit des Schiedsgerichts auch die Entscheidung darüber erfaßt, ob der Hauptvertrag, d. h. das Rechtsverhältnis, dessen Funktionieren die Schiedsklausel dient, wirksam ist. Die Schiedsvereinbarungen lauten dann etwa,

„sämtliche Streitigkeiten aus diesem Vertrag oder im Zusammenhang damit", „alle aus der Abwicklung oder im Zusammenhang mit vorliegendem Vertrag sich ergebenden Streitigkeiten", „jede etwa entstehende Streitigkeit" oder „alle Streitigkeiten aus diesem Vertrag" soll bzw. sollen durch ein Schiedsgericht unter Ausschluß des ordentlichen Rechtsweges entschieden werden.

Auch die beiden zuletzt zitierten Formulierungen sind derart auszulegen, weil die Worte „jede" bzw. „alle" den Willen der Parteien deutlich machen, die Zuständigkeit des Schiedsgerichts möglichst umfassend zu gestalten[6]. Ein solcher Wille läßt sich aber entgegen Schwab, der für diesen Willen eine allgemeine Vermutung sprechen lassen will[7], nicht schon aus der häufig vorkommenden einfachen Fassung, wonach „Streitigkeiten aus diesem Vertrag durch ein Schiedsgericht zu entscheiden sind", oder aus ähnlichen Formulierungen entnehmen, weshalb in diesen Fällen das Schiedsgericht nicht selbst über die Wirksamkeit des Hauptvertrages zu befinden hat[8]. In den Schiedsklauseln für das Innenverhältnis von Unternehmen findet sich nur vereinzelt die Berechtigung des Schiedsgerichts, auch über die Gültigkeit des Hauptvertrages zu entscheiden.

Höchst selten ist die ausdrückliche Bestimmung, wonach dem Schiedsgericht die sogenannte Kompetenz-Kompetenz[9] zustehen soll, d. h. die endgültige, auch die ordentlichen Gerichte bindende Entscheidung über die Wirksamkeit der Schiedsklausel und damit über seine eigene Zuständigkeit. Die vorläufige, d. h. durch die staatlichen Gerichte nachprüfbare Entscheidung dieser Frage steht dem Schiedsgericht bereits

---

[5] Vgl. *Baumbach-Schwab*, Kap. 5 II b S. 79 mit weiteren Nachweisen.

[6] BGH, Betr. 1964, S. 27; *Blomeyer*, A., § 125 I 1 S. 709; OLG Celle, MDR 1958, 172 f.

[7] *Baumbach-Schwab*, Kap. 3 A II S. 64 ff.; *Schwab*, KTS 1961, 17 (21).

[8] RG, JW 1935, S. 2617; *Baumbach-Lauterbach*, § 1025 Anm. 2 D.

[9] Sie wird häufig mit der Zuständigkeit des Schiedsgerichts zur Entscheidung über die Gültigkeit des Hauptvertrages vermengt, ist aber streng von ihr zu trennen; vgl. *Baumbach-Schwab*, Kap. 4 C S. 74.

nach § 1037 ZPO zu, ja es ist zu einer solchen verpflichtet, um seine Zuständigkeit zu klären, bevor es in der Sache entscheidet[10]. Dabei kann es allerdings über seine Zuständigkeit incidenter durch bloßen Beginn bzw. bloße Fortsetzung des Verfahrens ebenso wie ausdrücklich entscheiden[11]. Ob einem Schiedsgericht überhaupt die Kompetenz-Kompetenz übertragen werden kann, ist umstritten[12]. M. E. ist das, abgesehen von allen dafür sprechenden rechtspolitischen Erwägungen, bereits deshalb abzulehnen, weil sich schon aus einem argumentum e contrario aus dem § 1041 Abs. 2 ZPO ergibt, daß das ordentliche Gericht jeden gegen § 1041 Abs. 1 Ziff. 1 ZPO verstoßenden Schiedsspruch aufzuheben, also selbst über die Wirksamkeit des Schiedsvertrages endgültig zu entscheiden hat[13]. Nach der Auffassung des BGH, der die Zulässigkeit der Kompetenz-Kompetenz bejaht, liegt die Begründung der Kompetenz-Kompetenz dann jeweils schon in Formulierungen, denen gerade die Begründung der Zuständigkeit des Schiedsgerichts, über die Gültigkeit des Hauptvertrages zu entscheiden, entnommen wurde[14]. Nach dem Bundesgerichtshof wäre also in all diesen Fällen auch die Kompetenz-Kompetenz des Schiedsgerichts begründet.

Nur selten umfassen Schiedsklauseln für das Innenverhältnis von genossenschaftlich oder gesellschaftlich organisierten Unternehmen hinsichtlich der persönlichen Zuständigkeit nicht nur Streitigkeiten der Gesellschafter oder Genossenschafter untereinander, sondern auch Streitigkeiten zwischen Gesellschaftern oder Genossenschaftern auf der einen und dem Unternehmen selbst auf der anderen Seite.

Eine Ausdehnung der Zuständigkeit der Schiedsgerichte auch auf ein nach einer etwaigen Aufhebung des Schiedsspruchs neu durchzuführendes Verfahren ist ebenfalls selten. Ein Beispiel für eine derartige Bestimmung findet sich in dem bereits oben[15] erwähnten Mustervertrag für Arbeitsgemeinschaften in der Bauindustrie. Dessen § 23 Abs. 2 S. 1 lautet:

„Sollte ein ordentliches Gericht den Schiedsspruch aufheben, so können die Gesellschafter, die einen Anspruch gegen die anderen Gesellschafter

---

[10] Vgl. *Baumbach-Schwab*, Kap. 4 C S. 74.

[11] Vgl. *Baumbach-Lauterbach*, § 1037 Anm. B.

[12] Bejahend BGH, MDR 1952, S. 487 (488) = LM Nr. 6 zu § 139 BGB = Nr. 3 zu § 1041 ZPO; BGH, KTS 1961, S. 26 (27 f.) = Betr. 1955, S. 688 (auszugsweise) = BB 1955, S. 552 (auszugsweise); ablehnend insbesondere *Schwab*, KTS 1961, S. 17 (21 ff.) und *Baumbach-Schwab*, Kap. 4 C S. 74, Kap. 13 D S. 128, Kap. 16 C III b S. 146; einschränkend *Habscheid*, KTS 64, S. 146 (150 ff.); beide mit weiteren Nachweisen.

[13] *Mathies*, Die ständigen Schiedsgerichte, S. 58; *Schwab*, KTS 1961, S. 17 (25) mit weiteren Nachweisen.

[14] Vgl. BGH a.a.O. in Anm. 12, S. 31 u. BGH, KTS 1964, S. 104 (105) sowie die Schiedsklauseln S. 30.

[15] § 3 Anm. 35.

auch weiterhin geltend machen wollen, dies nur dadurch tun, daß sie von neuem das Schiedsverfahren einleiten."

Ohne derartige Vereinbarung ist nach Aufhebung eines Schiedsspruches der Weg zu den ordentlichen Gerichten offen[16], da die Schiedsklausel mit einem durchgeführten Verfahren für den konkreten Streitfall verbraucht ist. Die Zulässigkeit derartiger Bestimmungen[17] folgt aus der allgemeinen Berechtigung der Parteien, Schiedsverträge abzuschließen.

b) Die Bildung und Zusammensetzung der Schiedsgerichte sowie spezielle Bestimmungen für die Schiedsrichter

§ 6: Oft enthalten die von den Unternehmen abgeschlossenen und nicht auf die Schiedsgerichtsbarkeit eines wirtschaftlichen Interessenverbandes verweisenden Schiedsverträge Vorschriften über die Bildung und Zusammensetzung des vereinbarten Schiedsgerichts. Fast immer setzt sich das Schiedsgericht, besonders auch nach den Regelungen aller mir zugänglich gewordenen Allgemeinen Geschäftsbedingungen und Musterverträge, die sich mit dieser Frage befassen, aus 3 Schiedsrichtern zusammen[18]. Regelmäßig ernennen[19] die Parteien die Beisitzer. Diese haben dann häufig wiederum den Vorsitzenden[20] des Schiedsgerichts zu ernennen[21], während das im übrigen oftmals durch

---

16 Vgl. statt aller RG 108, S. 379, st. Rspr; *Baumbach-Lauterbach*, § 1041 Anm. 3 B.

17 BAG, NJW 1964, S. 268 (270); *Baumbach-Schwab*, Kap. 6 I a S. 82.

18 Ebenso z. B. die Feststellungen von *Grimm-Rochlitz*, S. 40, Anm. 3; *Ingenstau-Korbion*, Teil A, § 10, Anm. 37 für das Bauwesen; *Thomas*, S. 42; entsprechend auch § 2 der Musterschiedsgerichtsordnung des Deutschen Ausschusses für Schiedsgerichtswesen; § 2 des Musterschiedsvertrages von *Baumbach-Schwab*, S. 331; § 2 des Musterschiedsvertrages von *Thomas*, S. 142.

19 Die Ernennung eines Schiedsrichters bedeutet nur die Bestimmung der Person, die als Schiedsrichter tätig werden soll. Sie besagt dagegen nicht, daß zwischen dem Ernennenden und dem von ihm ernannten Schiedsrichter auch der Schiedsrichtervertrag zustandekommt. Überwiegend, aber nicht ausnahmslos, wie es bei *Baumbach-Schwab*, Kap. 7 B S. 89; *Baumbach-Lauterbach*, Anh. zu § 1028 Anm. 1 C und *Rosenberg*, § 166 III 5 a S. 859 heißt, wird der Schiedsrichtervertrag zwischen jedem Schiedsrichter auf der einen Seite und jeweils beiden streitenden Parteien auf der anderen Seite abgeschlossen, vgl. RG 94, S. 211 (212); BGH, LM Nr. 5 zu § 1025 ZPO; *Baumbach-Schwab*, a.a.O., *Baumbach-Lauterbach*, a.a.O. Vor allem jedoch, wenn Schiedsrichter durch Organe von Interessenverbänden für verbandseigene Schiedsgerichte ernannt werden, muß angenommen werden, daß der Schiedsrichtervertrag regelmäßig zwischen dem Interessenverband und den einzelnen Schiedsrichtern zustandekommt.

20 Für den Vorsitzenden des Schiedsgerichts findet sich in den Schiedsklauseln und Schiedsgerichtsordnungen oft auch die Bezeichnung „Obmann". In der Arbeit wird in jedem Fall der Begriff „Vorsitzender" gebraucht.

21 Diese Methode ist auch im Geschäftsverkehr mit den Ostblockländern die Regel, wobei der Vorsitzende häufig aus einer Liste von Angehörigen dritter Staaten zu wählen ist; vgl. *Glossner*, BB 1959, S. 74 und *Uschakow*,

einen unabhängigen Dritten, etwa den Präsidenten eines Gerichts oder einer Industrie- und Handelskammer oder durch den Schiedsgerichtshof der Internationalen Handlskammer in Paris[22], zu geschehen hat. Ein solcher Dritter hat dann meist auch hilfsweise die Schiedsrichter zu ernennen, also bei Säumnis einer Partei hinsichtlich der Erfüllung ihrer Ernennungspflicht oder bei Wegfall eines Schiedsrichters, vor allem weil er abgelehnt wurde oder wegen Todes[23]. Kein einziges Mal begegnete mir eine Regelung, wonach das Recht der Ernennung eines Schiedsrichters bei Säumnis auf die Gegenpartei übergeht oder gar im Normalfall einer Partei das Recht der Ernennung beider Beisitzer oder überhaupt aller Schiedsrichter zusteht. Häufig muß oder soll der Vorsitzende des Schiedsgerichts die Befähigung zum Richteramt haben. Oft wird aber auch dann, wenn solches nicht besonders vereinbart ist, ein Jurist zum Schiedsgerichtsvorsitzenden ernannt. Meist handelt es sich bei den Schiedsgerichtsvorsitzenden mit Befähigung zum Richteramt um Rechtsanwälte oder um Richter. Manchmal wird expressis verbis bestimmt, daß als Schiedsrichter Sachverständige zu ernennen sind. Wiederholt findet sich eine ausdrückliche Verpflichtung der Schiedsrichter zu einer unabhängigen Entscheidung oder die besondere Feststellung, daß die Schiedsrichter nicht Interessenvertreter der Partei sind, die sie ernannt hat. Selten wird die Ablehnung von Schiedsrichtern in den Schiedsvereinbarungen der Unternehmen geregelt, wobei sich dann keine wesentliche Abweichung von den gesetzlichen Bestimmungen zeigt, allerdings wiederholt die ausdrückliche Regelung findet, daß die Schiedsrichter nicht in einem Abhängigkeitsverhältnis oder nicht in einem ständigen Geschäftsverhältnis zu den Parteien stehen dürfen. Soweit der Gegenpartei eine Frist für die Ernennung ihres Schiedsrichters bestimmt wird, was manchmal geschieht, ist diese normalerweise auf 14 Tage nach Aufforderung zur Ernennung festgesetzt. Der Kläger hat dagegen fast immer den von ihm zu ernennenden Schiedsrichter zugleich mit dem Antrag auf die Durchführung eines Schiedsverfahrens zu bezeichnen.

c) Das Verfahren vor den Schiedsgerichten, die materielle Rechtsgrundlage sowie Form, Inhalt und Realisierung der Schiedssprüche und die Kostenregelung

§ 7: Schon im Zusammenhang mit der Bildung und Zusammensetzung des Schiedsgerichts wird eine Regelung in den Schiedsvereinbarungen

---

Osteuroparecht 1965, S. 7 mit dem Beispiel der Außenhandelsarbitrage in Polen.

22 Vgl. auch *Glossner*, BB 1959, S. 74.

23 Vgl. die in den §§ 1029, 1031—1033 Nr. 1 ZPO geregelten Situationen.

der Unternehmen um so seltener, je mehr es um Einzelfragen geht. Im übrigen aber beläßt man es nach jenen Schiedsklauseln der Unternehmen, die nicht auf die Schiedsgerichtsbarkeit eines wirtschaftlichen Interessenverbandes verweisen, hinsichtlich der Gestaltung der Schiedsgerichtsbarkeit ganz überwiegend bei der gesetzlichen Regelung. Im Rahmen von Schiedsklauseln für das Innenverhältnis der Unternehmen und in einigen Allgemeinen Geschäftsbedingungen, z. B. dem Deutschen Garnkontrakt, finden sich allerdings auch insoweit öfters Bestimmungen. Häufiger sind dann Vorschriften, daß das Verfahren mit möglichster Beschleunigung durchzuführen, daß grundsätzlich mündlich zu verhandeln ist, daß das Schiedsgericht selbst ermitteln kann, daß es berechtigt ist, beim Ausbleiben einer Partei nach Lage der Akten zu entscheiden, daß der Schiedsspruch schriftlich zu begründen und vom Schiedsgericht oder seinem Vorsitzenden niederzulegen ist, daß das Schiedsgericht einen Kostenvorschuß erheben kann und daß es schließlich nach freiem Ermessen oder aber — ob ausdrücklich oder im Ergebnis — unter sinngemäßer Anwendung der Ziviprozeßordnung über die Kostentragung zu entscheiden hat. Nur bei einigen Unternehmen waren Angaben über die Dauer von eininstanzlichen Schiedsverfahren, in die diese Unternehmen verwickelt waren, zu erfahren. Dabei hieß es in einem Fall bloß, daß sich die Schiedsverfahren regelmäßig mit einem, spätestens aber nach 2 Terminen erledigten, woraus hier auf eine Dauer von mehreren Wochen geschlossen werden kann. Die Schiedsverfahren, an denen ein großes Bauunternehmen immer wieder einmal beteiligt war und denen nicht selten Streitwerte von 500.000,— DM und mehr zugrunde lagen, dauerten durchschnittlich 1 1/2—2 Jahre. In einigen weiteren Fällen hieß es, daß die Schiedsverfahren mehrere Monate, nicht selten aber auch länger als 1 Jahr, teilweise sogar über 1 1/2 Jahre dauerten. Ein einziges Mal begegnete mir in der Schiedsklausel bzw. Schiedsgerichtsordnung eines Unternehmens die Einräumung einer Berufungsmöglichkeit. Es handelt sich dabei um die Schiedsgerichtsordnung eines als Gesellschaft mit beschränkter Haftung organisierten Großhandelsunternehmens. Nach den Bestimmungen dieser Schiedsgerichtsordnung kann ein durch einen Schiedsspruch ausgeschlossener Gesellschafter binnen einem Monat Berufung bei einem Oberschiedsgericht einlegen.

Im internationalen Geschäftsverkehr ist die Bestimmung des Tagungsortes des Schiedsgerichts häufig. Vorgezogen werden Genf und Zürich, mit Amerikanern wird überwiegend New York, mit Geschäftspartnern aus den Ostblockländern neben Zürich vor allem Stockholm als Tagungsort des Schiedsgerichts vereinbart. In erster Linie im Rahmen internationaler Geschäftsbeziehungen wird auch oft das vom Schiedsgericht anzuwendende materielle Recht bestimmt. Dabei handelt es sich im internationalen Geschäftsverkehr neben deutschem häufiger um Schweizer, bei Verträgen mit Handelspartnern aus den Ostblockländern vor allem um schwedisches Recht. Ein Schiedsvertrag zwischen einem Unternehmen der Feinmechanik- und Elektroindustrie und einem spanischen Geschäftspartner enthält die Verpflichtung des Schiedsgerichts, unter „Beobachtung der in Europa allgemeingültigen Rechtssätze" zu entscheiden. Manchmal wird die Anwendung des Rechts des Beklagten bestimmt. Für den inländischen Geschäftsverkehr fand sich bei einem Unternehmen die Bestimmung, daß das Schiedsgericht nach der Rechtslage zu entscheiden habe. Oftmals aber heißt es in den Schiedsvereinbarungen der Unternehmen für den inländischen wie den internationalen Geschäftsverkehr, das Schiedsgericht habe nach freiem Ermessen zu entscheiden[24], wobei jedoch der Ermessensspielraum häufig wieder eingeschränkt wird, so beispielsweise in Form der Bestimmung, das Schiedsgericht habe „nach freiem Ermessen unter Zugrundelegung des Schweizer Rechts" zu entscheiden. Nach Nr. 5 Abs. 4 S. 2 der Schiedsgerichtsordnung für den Deutschen Garnkontrakt haben die Schiedsrichter ihrer Entscheidung „zunächst die vertraglichen Abmachungen der Parteien, sodann die allgemein anerkannten Gebräuche des Handels und im übrigen das geltende bürgerliche und Handelsrecht zugrunde zu legen". In den Schiedsvereinbarungen im Rahmen der Rückversicherungsverträge heißt es, nur in der Formulierung abweichend, meist, daß das Schiedsgericht „nach dem Inhalt des Vertrages vom Standpunkt des praktischen Geschäfts" zu urteilen habe[25].

Über die bereits erwähnten Begründungs- und Niederlegungsvorschriften hinaus fanden sich nirgends Bestimmungen über Form, Inhalt und Realisierung der Schiedssprüche. Bei keinem der Unternehmen war von dem Vorkommen eines Vollstreckbarerklärungs- oder eines Aufhebungsverfahrens zu erfahren. Niedergelegt werden die Schiedssprüche im allgemeinen nur, wenn Aufhebungs- oder Vollstreckbarerklärungsverfahren wegen besonderer Umstände nicht unwahrscheinlich sind, öfters auch, wenn der Streitwert außergewöhnlich hoch ist. Kostenregelungen enthielten die im Außenverhältnis abgeschlossenen Schiedsklauseln der Unternehmen nie. Im konkreten Fall gestaltet sich die Vergütung der hier nur selten ehrenamtlich tätigen Schiedsrichter meist derart, daß der Vorsitzende die Gebühren eines Rechtsanwaltes

---

[24] Die durchaus h. M. geht heute dahin, daß der Parteiwille entscheidet, inwieweit das Schiedsgericht über grundlegende, zwingende Vorschriften hinaus an das materielle Recht gebunden ist; vgl. statt aller *Baumbach-Schwab*, Kap. 12 A III S. 121 mit Nachweisen.

[25] Vgl. auch *Prölss*, VVG, § 186 Anm. 2 a. E., wo sich die Fassung findet, daß „mehr vom Standpunkt des praktischen Versicherungslebens als vom Standpunkt strengen Rechts aus" zu urteilen sei.

2. Instanz oder die doppelten eines Rechtsanwaltes 1. Instanz und die Beisitzer je die Gebühren eines Rechtsanwaltes 1. Instanz erhalten[26]. Das ergibt bei einer Besetzung des Schiedsgerichts mit drei Schiedsrichtern, wenn der Vorsitzende die Gebühren eines Rechtsanwaltes 2. Instanz bekommt, für Streitwerte von 1000.— DM, 10.000,— DM und 100.000,— DM bei voll durchgeführtem Schiedsverfahren Schiedsrichtervergütungen von 544,50 DM, 3.168,— DM und 9.900,— DM. Erhält der Vorsitzende die doppelten Gebühren eines Rechtsanwaltes 1. Instanz, ergeben sich insgesamt folgende Schiedsrichtervergütungen: 660,— DM, 3.840,— DM und 12.000,— DM. Dazu kommen dann überwiegend noch die Auslagen der Schiedsrichter, nicht zuletzt die für Reisekosten.

d) Die Gestaltung der Schiedsgutachtentätigkeit

§ 8: Was die Gestaltung der Schiedsgutachtentätigkeit angeht, so finden sich, soweit es sich um die Unternehmen handelt, im wesentlichen nur bei den Versicherungen ins einzelne gehende Bestimmungen. In den oben[27] genannten Versicherungsbedingungen mit Schiedsgutachtenklauseln ist die Zusammensetzung der sogenannten Sachverständigenkommissionen oder Ärzteausschüsse vorwiegend so geregelt, daß jede Partei einen Sachverständigen ernennt und diese Sachverständigen dann einen Vorsitzenden — im allgemeinen auch einen Sachverständigen — bestimmen, der allerdings teilweise erst im Fall der Nichteinigung der beiden von den Parteien ernannten Sachverständigen in Aktion tritt. Die Gegenpartei hat im allgemeinen ihren Sachverständigen jeweils innerhalb von zwei Wochen nach Aufforderung durch die andere Partei zu ernennen, andernfalls geht dieses Recht auf ein Gericht, eine Handelskammer, eine Ärztekammer oder, so bei der Hagel- und der Kraftverkehrsversicherung, auf die andere Partei über. In den Allgemeinen Deutschen Binnen-Transportversicherungsbedingungen ist bestimmt, daß sich die Ablehnung eines Sachverständigen nach der Zivilprozeßordnung richtet. Hinsichtlich der Kosten hat teilweise, so z. B. nach § 15 der Allgemeinen Feuerversicherungsbedingungen, jede Partei diejenigen „ihres Sachverständigen" und diejenigen des Vorsitzenden zur Hälfte zu tragen. Das ist die häufigere Regelung. Teilweise richtet sich die Kostenverteilung nach dem Grad des Unterliegens im Schiedsgutachtenverfahren, wie es im Abweichen des Schiedsgutachtens vom Angebot der Versicherung und der Forderung des Versicherungsnehmers zum Ausdruck kommt, so z. B. nach § 12 der Allgemeinen Unfallversicherungsbedingungen. Vorschriften über die

---

[26] Vgl. insoweit auch *Grimm-Rochlitz*, S. 66 Anm. 14.

[27] § 2, 2.

Abwicklung des eigentlichen Verfahrens sind selten. In den wenigen Fällen, in denen sich solche finden, sind diese Vorschriften stark an in der Schiedsgerichtsbarkeit übliche Regelungen angelehnt[28].

[28] Vgl. z. B. die Bestimmungen über das Schiedsgutachtenverfahren nach den Allgemeinen Unfallversicherungsbedingungen.

B. Die Schiedsgerichtsbarkeit in der Praxis der wirtschaftlichen Interessenverbände

I. Die tatsächliche Bedeutung

Bei 58 von 137 Wirtschaftsverbänden, bei 13 von 16 Kartellen sowie bei 7 von 10 Kammern und Börsen, also bei insgesamt 78 von zusammen 163 wirtschaftlichen Interessenverbänden ergab sich, daß für sie die Schiedsgerichtsbarkeit von Bedeutung ist.

a) Die mittelbare Bedeutung der Schiedsgerichtsbarkeit

§ 9: Von den wirtschaftlichen Interessenverbänden, für die die Schiedsgerichtsbarkeit von Bedeutung ist, hat eine Reihe auch oder ausschließlich mittelbar mit der Schiedsgerichtsbarkeit zu tun. Diese Interessenverbände beschäftigen sich mit dem Schiedsgerichtswesen etwa in Form des Erstellens von Allgemeinen Geschäftsbedingungen, vor allem von kartellierten, mit Schiedsklauseln oder indem sie Musterverträge mit Schiedsklauseln oder Schiedsklauseln allein vor allem für internationale Geschäfte schaffen oder ihre Mitglieder in Fragen des Schiedsgerichtswesens, insbesondere bei Schiedsverfahren mit Nichtmitgliedern vor nicht verbandseigenen Schiedsgerichten, regelmäßig beraten und unterstützen. Sie haben aber keine eigene Schiedsgerichtsbarkeit. Dieses nur mittelbare Befassen der Interessenverbände mit der Schiedsgerichtsbarkeit ist teilweise von beträchtlicher Bedeutung.

b) Die unmittelbare Bedeutung der Schiedsgerichtsbarkeit

§ 10: Für 64 der 78 wirtschaftlichen Interessenverbände, für die die Schiedsgerichtsbarkeit von Bedeutung ist, ist das unmittelbar der Fall, und zwar für 46 der Wirtschaftsverbände[1], alle 13 Kartelle und 5 der

[1] Dabei fällt auf, daß das Schiedsgerichtswesen gerade bei den großen Verbänden, wie dem Verband der Automobilindustrie, dem Verband der chemischen Industrie oder der Vereinigung Deutscher Elektrizitätswerke, keine oder, wie beim Zentralverband der Elektroindustrie, dem Gesamtverband der Textilindustrie in der Bundesrepublik Deutschland, dem Hauptverband der Baumwollweberei in der Bundesrepublik Deutschland, dem Verband der deutschen Baumwollspinnerei und dem Verein Deutscher Maschinenbauanstalten, allenfalls mittelbar eine Rolle spielt.

Kammern und Börsen. Bei diesen wirtschaftlichen Interessenverbänden finden sich entweder disponible, fakultative oder obligatorische Schiedsgerichte.

1. Disponible Schiedsgerichte

Bei den von den Interessenverbänden ihren Mitgliedern und teilweise auch Dritten zur Verfügung gestellten Schiedsgerichten ist eine konkrete Zuständigkeit des Schiedsgerichts für bestimmte Rechtsverhältnisse oder für bestimmte Rechtsstreitigkeiten überhaupt noch nicht begründet. Das muß daher von den Parteien, und zwar von den Mitgliedern wie von Dritten, jeweils für das einzelne Rechtsverhältnis oder den einzelnen Rechtsstreit erst durch eine entsprechende Schiedsklausel geschehen. In derartigen Fällen spreche ich im folgenden von disponibler Zuständigkeit eines Schiedsgerichts und bezeichne diese Schiedsgerichte dementsprechend als disponible Schiedsgerichte[2]. Bei etwa jedem fünften Wirtschaftsverband mit eigenem Schiedsgericht und bei den Kammern und Börsen finden sich disponible Schiedsgerichte. Vor allem im Rahmen des Handels mit landwirtschaftlichen Erzeugnissen wird die Zuständigkeit dieser disponiblen Schiedsgerichte häufig auch oder sogar in erster Linie im Wege der Anwendung Allgemeiner Geschäftsbedingungen oder von Benutzungsordnungen oder selbst kraft Handelsbrauchs[3] begründet. Kraft Handelsbrauchs wird z. B. die Zuständigkeit des disponiblen Schiedsgerichts der Kartoffelwirtschaft begründet, wie sie in § 14 der Deutschen Kartoffelgeschäftsbedingungen[4] formuliert ist[5], desgleichen die Zuständigkeit des disponiblen Schiedsgerichts der Gartenbauwirtschaft, wie sie auch in § 16 der Richtlinien für die Geschäftsbedingungen beim Verkehr mit Obst und Gemüse bestimmt ist[6]. Die Zuständigkeit des disponiblen Schiedsgerichts der Getreide- und Produktenbörse Frankfurt am Main[7] wird

---

[2] *Guldener*, S. 220 a, spricht in diesem Zusammenhang von fakultativer Verbandsschiedsgerichtsbarkeit; den Begriff „fakultativ" verwende ich jedoch für eine bereits oben, S. 24, erörterte, andersartige Begründung der Zuständigkeit der Schiedsgerichte.

[3] *Kisch*, RheinZ 1909, S. 13 (28 f.); *Baumbach-Schwab*, Kap. 3 II c S. 70; *Meyer-Bremer*, § 28 Anm. 2.

[4] Berliner Vereinbarung 1956 in der Fassung vom 1. 7. 1961.

[5] OLG Schleswig, RdL 1951, S. 238 f.; *Baumbach-Schwab*, Kap. 3 B II c S. 70; *Raiser*, S. 45; vgl. auch Deutsche Kartoffelgeschäftsbedingungen, Verlag der Kartoffelwirtschaft, Hamburg, Fassung 1961, Vorwort S. 5 und vor § 1 (S. 7).

[6] *Ditges-Haupt-Seidel*, § 16 Anm. 7.

[7] Bei ihr wie bei der Wertpapierbörse Frankfurt/M. und der Industrie- und Handelskammer Frankfurt/M. wird im folgenden die Ortsbezeichnung immer weggelassen. Im übrigen stimmt die Schiedsgerichtsordnung der Getreide- und Produktenbörse mit den Schiedsgerichtsordnungen der übrigen Getreidebörsen bzw. Börsenvereine im gesamten Bundesgebiet fast gänzlich überein.

beispielsweise nach § 1 der Einheitsbedingungen im deutschen Getreidehandel begründet. Diese Bestimmung lautet:

„Alle Streitigkeiten, welche aus den in der Einleitung bezeichneten Geschäften[8] entstehen, sind unter Ausschluß des ordentlichen Rechtsweges durch ein Schiedsgericht[9] zu entscheiden."

Aber auch die Zuständigkeit des Schiedsgerichts der Wertpapierbörse wird gemäß § 25 ihrer Geschäftsbedingungen generell für alle an der Börse abgeschlossenen Geschäfte bis zu einem Streitwert von 10.000,— begründet.

2. Fakultative Schiedsgerichte

In zwei Fällen, da sich bei Wirtschaftsverbänden eine Schiedsklausel in Form besonderer, von der Satzung unabhängiger Schiedsvereinbarungen findet, haben die der Schiedsvereinbarung beitretenden Mitglieder folgenden Revers zu unterschreiben: „Die unterzeichnete Firma anerkennt den Schiedsvertrag des Verbandes in der von der Mitgliederversammlung am 12. 4. 61 verabschiedeten Form." Bei beiden Verbänden bedeutet jedoch die Unterzeichnung dieses Reverses lediglich die endgültige Unterwerfung unter ein Schlichtungsverfahren, während die Zuständigkeit des Schiedsgerichts nur fakultativ[10] begründet wird, indem es nämlich heißt: „Ist eine Einigung ... nicht möglich, so hat der Geschäftsführer unverzüglich den Streitfall dem Vorsitzenden des Schiedsgerichts zu übergeben, es sei denn, daß eine der Parteien die Fortsetzung des Verfahrens vor dem Schiedsgericht ablehnt."

Solche fakultativen Schiedsgerichte finden sich bei mehr als einem Drittel der wirtschaftlichen Interessenverbände, und zwar etwa einem Viertel der Wirtschaftsverbände[11] und bei fast allen Kartellen, für die die Schiedsgerichtsbarkeit unmittelbar von Bedeutung ist.

Der Modus der Wahl zwischen dem Schiedsgericht und dem ordentlichen Gericht ist in den fakultativen Schiedsklauseln unterschiedlich

---

[8] Das sind solche in landwirtschaftlichen Erzeugnissen und daraus gewonnenen Fabrikaten, Geschäfte in Futter- und Düngemitteln, Geschäfte, welche mit deren Verpackung, Transport, Versicherung und Lagerung zusammenhängen, Kommissions- und Vermittlungsgeschäfte.

[9] Das bedeutet praktisch ein Schiedsgericht einer Getreide- und Produktenbörse.

[10] Vgl. dazu oben § 3 b S. 24.

[11] Vgl. dazu die Ausführungen des Geschäftsführers des Vereins deutscher Metallhändler, *Dietz*, a.a.O., S. 16: „Meist lassen die Satzungen (d. h. der Wirtschaftsverbände) den Mitgliedern die Möglichkeit offen, sich für das ordentliche Gericht oder das Schiedsgericht zu entscheiden." Das Wort „meist" ist allerdings auch bei Berücksichtigung der disponiblen Schiedsgerichtsbarkeit der Wirtschaftsverbände zu stark, die Tendenz ist jedoch offenbar richtig gesehen.

gestaltet, läßt sich aber auf zwei Typen reduzieren. In rund der Hälfte der fakultativen Schiedsklauseln wird die Wahlmöglichkeit derart neutral gestaltet, daß keiner der beiden Gerichtsbarkeiten ein Vorzug gegeben wird. Entsprechende Schiedsklauseln lauten beispielsweise:

Im Fall von Streitigkeiten „können sich die Parteien auf ein Schiedsgericht einigen" — so oder ganz ähnlich ist die häufigste Formulierung, „kann ein Schiedsverfahren durchgeführt werden, wenn die Parteien schriftlich ihr Einverständnis erklären", oder „haben die Parteien das Recht, ein Schiedsgericht oder das ordentliche Gericht anzurufen".

Die restliche ungefähre Hälfte der fakultativen Schiedsklauseln enthält dagegen eine Bevorzugung der Schiedsgerichtsbarkeit, indem die Klausel derart formuliert ist, daß vom Schiedsverfahren als dem Normalfall ausgegangen wird. Derartige Klauseln lauten in ihrem insoweit entscheidenden Abschnitt z. B.:

„Im Einzelfall kann jeder Beteiligte statt der Entscheidung des Schiedsgerichts die Entscheidung des ordentlichen Gerichts verlangen."

Nach erfolglosem Schlichtungsverfahren geht das Verfahren automatisch in ein solches vor dem Schiedsgericht über, „es sei denn, daß eine der Parteien die Fortsetzung des Verfahrens vor dem Schiedsgericht ablehnt".

„Der Betroffene kann binnen 14 Tagen nach Zustellung des Eröffnungsbeschlusses (des Schiedsgerichts) das für seinen Wohnsitz zuständige Landgericht anrufen. Das Landgericht entscheidet dann an Stelle des Schiedsgerichts."

„Unberührt bleiben die Rechte der Mitglieder nach § 91 GWB."

Das zuletzt zitierte Beispiel weist durch die ausdrückliche Erwähnung des § 91 GWB schon aus, daß es aus dem Gesellschaftsvertrag oder der Satzung eines Kartells stammt. Bei den Kartellen überwiegt der die Schiedsgerichtsbarkeit bevorzugende Typ der fakultativen Schiedsklauseln eindeutig.

3. Obligatorische Schiedsgerichte

Typische Schiedsklauseln in Satzungen von Wirtschaftsverbänden, denen dann nach der Begründung der Zuständigkeit meist noch Vorschriften über die Gestaltung des Schiedsgerichtswesens folgen, sind beispielsweise:

„Streitigkeiten der Mitglieder untereinander aus dieser Satzung und aus zur Erfüllung der Verbandszwecke ergangenen Beschlüssen werden durch ein Schiedsgericht unter Ausschluß des ordentlichen Rechtsweges entschieden. Die Mitglieder können auch in anderen Berufsstreitigkeiten das Schiedsgericht anrufen."

„Das Schiedsgericht entscheidet an Stelle des ordentlichen Gerichts über alle Streitigkeiten, die zwischen dem Landesverband und einem Mitglied oder zwischen Mitgliedern des Verbandes untereinander aus den in § 3

Ziffer 4 und 5 der Satzung niedergelegten Mitgliedschaftspflichten[12] entstehen, außerdem kann es auf Antrag des Vorstandes oder eines Mitglieds gemäß § 4 Ziffer 5 der Satzung Bußgeldzahlungen festsetzen."

Wegen ihrer besonderen Gestaltung sei auch die folgende Schiedsklausel eines Wirtschaftsverbandes zitiert:

„Die nachstehende Schiedsgerichtsordnung[13] gilt als Bestandteil der Satzung des Verbandes. Die Mitglieder des Verbandes schließen mit der Annahme der Satzung, die später hinzutretenden Mitglieder mit ihrer Aufnahme in den Verband einen Schiedsvertrag."

Nach allen diesen aufgeführten Beispielen wird die Zuständigkeit des Schiedsgerichts durch die Schiedsklausel von vornherein für bestimmte Streitigkeiten endgültig begründet. Insoweit sind die Betroffenen kraft der Schiedsklausel also verpflichtet, ihre Streitigkeiten nur vor dem Schiedsgericht auszutragen. Entsprechend dieser obligatorischen Wirkung der Schiedsklauseln bezeichne ich in diesen Fällen neben den Schiedsklauseln selbst auch die Zuständigkeit der Schiedsgerichte als obligatorisch und die Schiedsgerichte als obligatorische Schiedsgerichte. Bei etwa einem Drittel der Interessenverbände, für die die Schiedsgerichtsbarkeit unmittelbar von Bedeutung ist, ist die Zuständigkeit des Schiedsgerichts derart obligatorisch begründet. Es handelt sich dabei durchweg um Wirtschaftsverbände.

Teilweise wird allerdings, wobei hier von der damit verbundenen wirtschaftlichen Machtfrage zunächst abgesehen werden soll, auch die Zuständigkeit disponibler Schiedsgerichte von wirtschaftlichen Interessenverbänden bereits durch die bloße Gestaltung der Zuständigkeitsvereinbarung dieser Schiedsgerichte praktisch doch obligatorisch begründet. Das geschieht z. B. durch Benutzungsordnungen für bestimmte Veranstaltungen, indem diese Benutzungsordnungen, wie die oben[14] erwähnten Geschäftsbedingungen der Wertpapierbörse, auf die disponiblen Schiedsgerichte der entsprechenden Interessenverbände lautende Schiedsklauseln enthalten. Praktisch obligatorisch kann die Zuständigkeit disponibler Schiedsgerichte aber auch begründet werden durch die Verpflichtung der Mitglieder von Interessenverbänden, in ihren Geschäftsbeziehungen auf ein bestimmtes disponibles Schiedsgericht lau-

---

[12] D. i. Unterlassung jedes unlauteren Wettbewerbs, Beobachtung der guten kaufmännischen Sitte und Wahrung des Ansehens und der Interessen des Verbandes und des Berufes.

[13] Sie lautet in § 3 Abs. 1 und 2: „Auf Anrufung durch ein Verbandsmitglied oder den Vorstand des Verbandes entscheidet das Schiedsgericht über alle Streitigkeiten, die sich aus der Satzung sowie aus der Tätigkeit des Verbandes und seiner Organe ergeben. Als Streitigkeiten aus der Satzung gelten auch solche über die Rechtswirksamkeit, Auslegung und Handhabung der Satzung. — Auch die Verbandsmitglieder können bei Streitigkeiten untereinander die Entscheidung des Verbandsschiedsgerichts anrufen."

[14] § 10, 1.

tende Schiedsklauseln abzuschließen[15]. Das findet sich etwa zumindest bei einigen der Trägerverbände des von mir im übrigen nicht berücksichtigten Kölner Tuchschiedsgerichts[16].

c) *Die Bedeutung der Schiedsgutachten- und der Schlichtungstätigkeit*

§ 11: Während es sich, wenn bei einem Interessenverband die Schiedsgutachtentätigkeit unmittelbar von Bedeutung ist, um Ausnahmen handelt, die meist neben einer Verbandsschiedsgerichtsbarkeit bestehen und auf reine Qualitätsstreitigkeiten beschränkt sind, spielt die Schlichtungstätigkeit innerhalb der Interessenverbände eine sehr große Rolle. Zum einen findet sich öfters eine mehr oder weniger formell gestaltete Schlichtungstätigkeit außerhalb[17] von Schiedsverfahren satzungsmäßig verankert. Entsprechende Satzungsbestimmungen lauten beispielsweise:

„Bei Streitigkeiten von Verbandsmitgliedern untereinander ist zunächst vor Anrufung der Gerichte der Streitfall dem Vorsitzenden zu unterbreiten, der — erforderlichenfalls unter Hinzuziehung weiterer Vorstandsmitglieder — auf gütlichem Wege zu schlichten versucht[18]."

„Zur Schlichtung von Streitigkeiten unter den Mitgliedern, insbesondere zur Bearbeitung von Beschwerden über Nichteinhaltung kollegialer Vereinbarungen oder von Verbandsbeschlüssen, wird ein Beschwerde- und Einigungsausschuß gebildet ... Er tritt ... in Tätigkeit, wenn er von mindestens einer streitenden Partei schriftlich angerufen wird ... Der Ausschuß wird nicht tätig, wenn eine Partei ihn ablehnt."

Die Schlichtungstätigkeit spielt bei den Wirtschaftsverbänden vor allem aber — und zwar besonders bei Wettbewerbsstreitigkeiten — derart eine hervorragende Rolle, daß bestimmte Repräsentanten der Verbände, vor allem der Vorstand oder die Geschäftsführung bzw. ihnen angehörende Personen, bei Streitigkeiten zwischen Mitgliedern im Rahmen des Sachgebiets des einzelnen Wirtschaftsverbandes schlichtend tätig werden. Das geschieht dann entweder auf die Bitte einer oder beider streitenden Parteien oder auf Initiative von Vorstand oder Geschäftsführung hin, ohne daß sich in der Satzung, der Schiedsklausel oder der Schiedsgerichtsordnung der betreffenden Interessenverbände irgendeine Bestimmung in dieser Hinsicht findet. Die Schlichtungstätigkeit wird hier grundsätzlich in einer ganz formlosen Art und Weise ausgeübt, häufig auch ohne eine eigentliche Verhandlung, sondern zum Beispiel im Rahmen eines Essens. Erwähnt sei in diesem

---

15 Vgl. hierzu *Raiser*, S. 181 f.

16 Vgl. zum Kölner Tuchschiedsgericht *Hub*, S. 68 Anmerkungen zu § 12.

17 Auf die Bedeutung der Schlichtungstätigkeit innerhalb von Schiedsverfahren wird später eingegangen.

18 Eine derartige Schlichtungsklausel gibt keine Einrede nach § 274 Nr. 3 ZPO, da nach ihr keine die Parteien rechtlich bindende Entscheidung getroffen werden soll; OLG Hamburg, Rspr. 25, S. 235; *Stein-Jonas-Schönke-Pohle*, § 274 Anm. III 3.

Zusammenhang noch die Schlichtungsklausel in dem von dem Verein Deutscher Maschinenbauanstalten (VDMA) und der Centralvereinigung Deutscher Handelsvertreter- und Handelsmakler-Verbände (CDH) 1955 gemeinsam geschaffenen Muster eines Handelsvertretervertrages. Hier hieß es:

„Streitfälle, die sich aus dem Vertragsverhältnis ergeben, sind zunächst den beiderseitigen Fachorganisationen, nämlich dem VDMA und der CDH, zu unterbreiten, die bestrebt sein werden, eine gütliche Einigung herbeizuführen. Kommt eine Einigung in angemessener Frist nicht zustande, so können die Parteien den Rechtsweg beschreiten, wobei ihnen vorbehalten ist, ein Schiedsgericht zu vereinbaren."

Als der Mustervertrag 1965 neu gedruckt wurde, ließ man diese Vorschrift entfallen, da eine kaum zu bewältigende Lawine von Güteverhandlungen auf die beteiligten Verbände zugekommen war. Auf besonderen Wunsch der Parteien werden derartige Güteverhandlungen jedoch auch weiterhin durchgeführt.

d) Die Häufigkeit von Schiedsverfahren

§ 12: Über die Häufigkeit von Schiedsverfahren erhielt ich Angaben von 44 wirtschaftlichen Interessenverbänden, für die die Schiedsgerichtsbarkeit unmittelbar von Bedeutung ist. Während der Jahre von 1955 bis 1964 hatten zwei von ihnen, nämlich die Industrie- und Handelskammer und die Getreide- und Produktenbörse, durchschnittlich mit ungefähr 40—50 Schiedsverfahren, ein Wirtschaftsverband aus dem Sektor des Transport- und Verkehrswesens mit durchschnittlich 25 Schiedsverfahren und ein weiterer Wirtschaftsverband einer kleinen Branche mit etwa 10 Schiedsverfahren pro Jahr zu tun. Beim Schiedsgericht der Getreide- und Produktenbörse schwanken die Jahresdurchschnittzahlen stark je nach der Ernte, beim Schiedsgericht der Industrie- und Handelskammer sind manchmal beträchtliche Schwankungen zu verzeichnen, weil es vorkommt, daß z. B. bei einem großen Geschäftsabschluß mit vielen Beteiligten, etwa Importeuren, die Zuständigkeit des Kammerschiedsgerichts vereinbart wird und es dann nicht nur zu einem, sondern gleich zu einer ganzen Reihe von Verfahren kommt. Bei beiden Gerichten enden etwa 90 % der Verfahren mit einem Vergleich. Weitere 11 Interessenverbände gaben für den ganzen Untersuchungszeitraum ein bis sieben durchgeführte Schiedsverfahren an, und bei sieben Interessenverbänden hieß es schließlich, daß Schiedsverfahren „von Zeit zu Zeit", „ab und zu", „manchmal" oder „selten" durchgeführt worden seien. Es hatten also insgesamt 22 der 44 wirtschaftlichen Interessenverbände, die insoweit Auskunft gaben, mit Schiedsverfahren im Untersuchungszeitraum zu tun. Dabei war, soweit in dieser Hinsicht Feststellungen getroffen werden konnten, bei der

Mehrzahl dieser 21 Interessenverbände die Tendenz einer ständigen Abnahme der Schiedsverfahren unverkennbar.

II. Die praktische Gestaltung der Schiedsgerichtsbarkeit der wirtschaftlichen Interessenverbände

Von den 64 erfaßten wirtschaftlichen Interessenverbänden mit eigener Schiedsgerichtsbarkeit sind mir 60 Schiedsklauseln bzw. Schiedsgerichtsordnungen zugänglich geworden. Bei 42 dieser Schiedsklauseln bzw. Schiedsgerichtsordnungen handelt es sich um solche von Wirtschaftsverbänden, wobei 22 obligatorische, 11 fakultative und neun disponible Schiedsgerichte betreffen. 13 der mir zugänglichen Schiedsklauseln bzw. Schiedsgerichtsordnungen gehören zu Kartellen. Die restlichen fünf der 60 Schiedsklauseln bzw. Schiedsgerichtsordnungen verteilen sich auf Kammern und Börsen. Aus diesen 60 Schiedsklauseln bzw. Schiedsgerichtsordnungen schöpfe ich im wesentlichen, wenn ich im folgenden die tatsächliche Gestaltung der Schiedsgerichtsbarkeit bei den wirtschaftlichen Interessenverbänden über die Art der Begründung ihrer Zuständigkeit hinaus darstelle.

a) Der Umfang der Zuständigkeit der Schiedsgerichte

§ 13: Bei den Schiedsgerichten der wirtschaftlichen Interessenverbände, gleichgültig ob es disponible, obligatorische oder fakultative sind, handelt es sich immer um institutionelle[1] Schiedsgerichte, weil ihr abstrakt bestimmter Zuständigkeitsbereich immer eine Vielzahl von Mitgliedern oder Dritten und eventuell noch den Interessenverband selbst und damit auch immer eine Vielzahl von Rechtsverhältnissen umfaßt.

Die sachliche Zuständigkeit der obligatorischen und fakultativen Schiedsgerichte der wirtschaftlichen Interessenverbände erstreckt sich vor allem auf Verstöße der Mitglieder gegen die Satzung oder den Gesellschaftsvertrag und auf Beschlüsse und Anordnungen, die auf Grund der Satzung oder des Gesellschaftsvertrages ergangen sind. Nicht selten umfaßt sie auch allgemein Verstöße wettbewerbsrechtlicher Art. In all diesen Fällen findet sich insgesamt gesehen die Berechtigung des Schiedsgerichts, auch Strafen[2] zu verhängen, etwa ebenso häufig

---

[1] Vgl. dazu oben § 5.

[2] Bei den Strafen, die die Schiedsgerichte verhängen können, handelt es sich in erster Linie um Verwarnungen oder Verweise und um Geldbußen. Für die Geldbußen sind teilweise Mindesthöhen, z. B. 500,— DM, teilweise Höchstgrenzen, z. B. 20.000,— DM, für jeden nachgewiesenen Verstoß festgesetzt. Nur bei einem Wirtschaftsverband fand sich als vom Gericht zu verhängende Strafe auch der Ausschluß aus dem Verband.

wie eine Regelung, die das Schiedsgericht hierzu nicht berechtigt. Oft gehört zur sachlichen und dann insoweit auch bei den obligatorischen Schiedsgerichten fast immer fakultativ oder disponibel gestalteten Zuständigkeit der Schiedsgerichte der wirtschaftlichen Interessenverbände auch allgemein die Entscheidung über Streitigkeiten aus im Rahmen des Geschäftsverkehrs abgeschlossenen Verträgen. Öfters betrifft die sachliche Zuständigkeit auch die Entscheidung über die Wirksamkeit des Rechtsverhältnisses, dessen Funktionieren die Schiedsklausel dient[3]. Die persönliche Zuständigkeit der Schiedsgerichte der wirtschaftlichen Interessenverbände erstreckt sich meist auf die Mitglieder, soweit sie untereinander streiten, und zwar bei Streitigkeiten aus der Mitgliedschaft überwiegend obligatorisch, sonst regelmäßig nur fakulativ oder disponibel. Darüber hinaus umfaßt die obligatorische und fakultative Zuständigkeit oft auch Auseinandersetzungen zwischen dem Interessenverband auf der einen und Mitgliedern auf der anderen Seite. Nicht selten ist die Zuständigkeit disponibel auch für Streitigkeiten der Mitglieder mit Dritten und, besonders bei ausschließlich disponiblen Schiedsgerichten, auch für Streitigkeiten von Dritten untereinander begründet.

Ab und zu ist das Schiedsgericht ermächtigt, das Fällen einer Entscheidung abzulehnen, wobei es teilweise dafür keine Gründe anzugeben braucht. In jedem Fall ist dann die Zuständigkeit des Schiedsgerichts für diesen Rechtsstreit beendet. Denn eine Schiedsklausel verbraucht sich grundsätzlich für den konkreten Streitfall mit einem Schiedsverfahren. Besteht Übereinstimmung mit der gesetzlichen und vertraglichen Regelung, so ist es unerheblich, wie dieses Schiedsverfahren endet. In den hier aufgeführten Fällen der Ablehnung einer Entscheidung durch das Schiedsgericht ergibt sich diese Folge speziell aus einer Analogie zu den Fällen des § 1033 ZPO, in denen mangels anderer Parteivereinbarung der Schiedsvertrag auch jeweils außer Kraft tritt, wenn aus beim Schiedsgericht liegenden Gründen das konkrete Schiedsgerichtsverfahen nicht beendet werden kann[4]. Selten findet sich eine Bestimmung, wonach das Schiedsgericht bei Aufhebung des Schiedsspruches durch das ordentliche Gericht grundsätzlich für ein etwa neu durchzuführendes Verfahren in derselben Sache zuständig bleibt[5].

---

[3] Vgl. dazu das oben § 5 Ausgeführte.

[4] So bejahen für die ausdrückliche Unzuständigkeitserklärung des Schiedsgerichts die analoge Anwendung speziell des § 1033 Ziff. 2 ZPO das Reichsgericht, RG 108, 374 (378 f.); *Baumbach-Lauterbach*, § 1033 Anm. 3; *Baumbach-Schwab*, Kap. 6 D S. 87 und *Stein-Jonas-Schönke-Pohle*, § 1033 II.

[5] Zur Zulässigkeit einer derartigen Bestimmung vgl. oben § 5 a. E.
Nach § 24 Abs. 1 der Schiedsgerichtsordnung der Getreide- und Produktenbörse wird in diesem Zusammenhang zutreffend ausdrücklich der Fall ausgenommen, daß das ordentliche Gericht einen Schiedsspruch aus dem Grunde der Unzuständigkeit des Schiedsgerichts aufgehoben hat.

Hinsichtlich der Einzelheiten über die sachliche und persönliche Zuständigkeit der Schiedsgerichte der wirtschaftlichen Interessenverbände wird im übrigen auf die Tabellen 1 und 2 mit den dazu gegebenen Erläuterungen im Anhang verwiesen.

b) Die Bildung und Zusammensetzung der Schiedsgerichte; Bestimmungen über die Schiedsrichter

§ 14: Selten haben die Schiedsgerichte der wirtschaftlichen Interessenverbände über einen bestimmten Zeitraum hinweg eine feste Zusammensetzung. Dieser Zeitraum beträgt dann mindestens ein Jahr. Häufig findet sich dagegen ein fester Schiedsgerichtsvorsitzender. In den weitaus meisten Fällen setzen sich die Schiedsgerichte aus drei Schiedsrichtern zusammen. Die Ernennung der Beisitzer erfolgt überwiegend durch die beiden streitenden Parteien, die öfters in der Auswahl auf die Mitglieder der betreffenden Interessenverbände oder auf eine dann meist vom Vorstand oder der Geschäftsführung aufgestellte Liste beschränkt sind. Der Schiedsgerichtsvorsitzende wird oft von den durch die Parteien ernannten Beisitzern, nicht selten aber auch von Organen der betreffenden Interessenverbände oder von völlig Außenstehenden, vor allem den Präsidenten von Industrie- und Handelskammern oder von ordentlichen Gerichten, ernannt. Die hilfsweise[6] Ernennung von Schiedsrichtern erfolgt manchmal durch den Vorstand oder die Geschäftsführung der Interessenverbände, meist jedoch ebenfalls durch völlig Außenstehende. Eine Vorschrift, wonach, insbesondere bei Säumnis einer Partei hinsichtlich ihrer Ernennungspflicht, der Gegenpartei auch nur das Recht der hilfsweisen Ernennung zusteht, fand sich nirgends. Eine Bildung des Schiedsgerichts aus dem Vorstand oder der Geschäftsführung oder diesen angehörenden Personen kommt nur ganz ausnahmsweise vor. Der Schiedsgerichtsvorsitzende muß nach der großen Mehrzahl der Regelungen ein Jurist sein, ist es darüber hinaus nicht selten auch dort, wo das nicht vorgeschrieben ist. Ganz überwiegend und etwa zu gleichen Teilen handelt es sich bei den Vorsitzenden mit Befähigung zum Richteramt auch hier um Rechtsanwälte oder Richter, wobei unter den ersteren Wirtschaftsanwälte und unter den letzteren die Vorsitzenden von Kammern für Handelssachen besonders gern als Schiedsgerichtsvorsitzende herangezogen werden. Nach vereinzelten Schiedsgerichtsordnungen, die als Vorsitzenden nicht einen Juristen voraussetzen, hat ein Jurist beratend an der Verhandlung des Schiedsgerichts teilzunehmen. So nimmt beispielsweise nach § 3 Abs. 2 der SchGO der Industrie- und Handelskammer Frankfurt am Main einer ihrer Juristen an den Verhandlungen ihres Schiedsgerichts mit

[6] Vgl. zum Begriff hilfsweise oben § 6.

beratender Stimme teil. Nach der Schiedsgerichtsordnung der Getreide- und Produktenbörse kann ein Dritter auch an den Beratungen des Schiedsgerichts teilnehmen[7].

Soweit sich Bestimmungen über die Ablehnung eines Schiedsrichters finden, folgen diese im Ergebnis meist der im § 1032 ZPO getroffenen Regelung. Nur ausnahmsweise soll dann aber die Entscheidung über die Ablehnung dem ordentlichen Gericht verbleiben, sie soll vor allem öfters vom Schiedsgericht selbst unter Ausschluß des Abgelehnten getroffen werden. Ob die Entscheidung durch das ordentliche Gericht hier überhaupt abdingbar ist, ist umstritten, die h. M. verneint es[8]. M. E. ist auf den Einzelfall abzustellen. Wird die unparteiische Besetzung des Schiedsgerichts dadurch in keinem Fall gefährdet, so ist die Abdingbarkeit möglich, etwa wenn ein völlig Außenstehender, z. B. der Präsident der Industrie- und Handelskammer, über die Ablehnung entscheiden soll. Dem kann entgegen Baumbach-Schwab[9] das Argument, daß dann nur eine einzige Instanz entscheidet, ebensowenig entgegengehalten werden, wie anderen Entscheidungen durch Dritte im Rahmen von Schiedsverfahren. Die Regelung ist aber z. B. unzulässig, wenn Organe des Trägerverbandes über die Ablehnung von Schiedsrichtern entscheiden sollen, die von Organen dieses Verbandes ernannt worden sind. Nirgends fand sich das Ablehnungsrecht ausgeschlossen, was freilich auch unzulässig wäre[10].

Öfters finden sich in den Schiedsgerichtsordnungen ausdrückliche Verpflichtungen der Schiedsrichter nicht als Parteivertreter, sondern unabhängig zu entscheiden.

Wegen der Einzelheiten über die Bildung und Zusammensetzung der Schiedsgerichte der wirtschaftlichen Interessenverbände wird im übrigen auf die Tabelle 3 mit den dazu gegebenen Erläuterungen im Anhang verwiesen.

---

[7] In § 6 Abs. 5 dieser Schiedsgerichtsordnung heißt es:
„Das Schiedsgericht kann zu der Verhandlung und Beratung den Geschäftsführer und gegebenenfalls einen Rechtskundigen hinzuziehen.“
Das Reichsgericht in JW 1921, S. 1248 mit zust. Anm. von *Kisch*; das OLG Hamburg, HRR 1934, Nr. 140, allerdings einschränkend: nur bei entsprechender Parteivereinbarung; *Mathies*, Die ständigen Schiedsgerichte, S. 39—41; *Baumbach-Lauterbach*, § 1038 Anm. 3 und *Baumbach-Schwab*, Kap. 16 F S. 144, bejahen entgegen dem Kammergericht in DJZ 1920, Sp. 853, die Möglichkeit, Dritte auch an der Beratung des Schiedsgerichts zu beteiligen, zu Recht. Denn die Gefahr der Beeinflussung der Schiedsrichter durch Dritte ist so immer noch geringer, als wenn die Schiedsrichter sich vorher einzeln mit Juristen beraten.

[8] Vgl. BGH 24, 1 (3) und im übrigen statt aller *Baumbach-Schwab*, Kap. 11 A S. 112 mit weiteren Nachweisen.

[9] a.a.O., Kap. 11 A S. 112.

[10] Vgl. statt aller *Baumbach-Schwab*, Kap. 11 A S. 112.

Häufig wird die den Schiedsrichtern zustehende Vergütung bestimmt. Abgesehen davon, daß die Schiedsrichter zumindest immer ihre Auslagen ersetzt erhalten, sind die Regelungen der eigentlichen Vergütung sehr unterschiedlich. Allgemein läßt sich lediglich feststellen, daß ein ehrenamtliches Tätigwerden wenigstens der Beisitzer hier öfters vorkommt, während die Höhe der Vergütungen für die Vorsitzenden häufiger der von Rechtsanwälten erster oder zweiter Instanz entspricht. Nach den untersuchten Regelungen liegen die Vergütungen bei einem Streitwert oder einer Strafe von 1000,— DM zwischen 0,00 DM und 540,— DM, bei einem Streitwert oder einer Strafe von 10.000,— DM zwischen 0,00 DM und 2112,00 DM, bei einem Streitwert oder einer Strafe von 100.000 DM zwischen 0,00 DM und 6600,— DM. Bei dieser Berechnung wurde von einem Verfahren ausgegangen, das vor einem aus drei Mitgliedern bestehenden Schiedsgericht abläuft und bei dessen Durchführung vor einem ordentlichen Gericht einem Rechtsanwalt nach § 31 BRAGebO Prozeß-, Verhandlungs- und Beweisgebühr zuständen. Die Regelungen im einzelnen und die daraus resultierenden Schiedsrichtervergütungen sind in Tabelle 4 mit den dazugehörenden Erläuterungen im Anhang dargestellt.

c) Das Verfahren vor den Schiedsgerichten

§ 15: Die Schiedsklauseln bzw. Schiedsgerichtsordnungen von wirtschaftlichen Interessenverbänden enthalten regelmäßig nur da wirklich umfassende Regelungen auch über die Gestaltung des Verfahrens vor dem Schiedsgericht, wo sie disponible Schiedsgerichte betreffen.

Oft wird dem Schiedsgericht entsprechend § 1034 Abs. 2 ZPO ausdrücklich freies Ermessen für die Gestaltung des Verfahrens bestätigt, soweit dem nicht Bestimmungen der Schiedsklausel bzw. Schiedsgerichtsordnung oder des 10. Buches der Zivilprozeßordnung, das im § 1034 Abs. 1 nur einige wenige zwingende Bestimmungen über das Verfahren enthält, entgegenstehen. Es heißt z. B. typischerweise:

„Für das Verfahren gelten die Bestimmungen des 10. Buches der Zivilprozeßordnung, soweit die Schiedsgerichtsordnung nichts anderes bestimmt. Im übrigen regelt das Schiedsgericht das Verfahren nach freiem Ermessen."

1. Tagungsort

Häufig ist der Tagungsort des Schiedsgerichts bestimmt, wobei es oft einfach heißt, Tagungsort ist der Ort, an dem das Schiedsgericht seinen Sitz hat. Jedoch kann dann in manchen Fällen das Schiedsgericht, eventuell auch nur dessen Vorsitzender, wenn es tunlich ist, einen anderen Tagungsort bestimmen.

2. Schlichtungstätigkeit

Nicht selten ist vor das eigentliche Streitentscheidungsverfahren obligatorisch eine Schlichtungsverhandlung vorgeschaltet. Öfters wird hervorgehoben, daß das Schiedsgericht jederzeit auf eine gütliche Beilegung des Rechtsstreits hinwirken könne oder solle. So lautet beispielsweise § 5 Abs. 1 der Schiedsgerichtsordnung für das Bauwesen:

„Das Schiedsgericht ist berechtigt, auf eine gütliche Beilegung des Streitfalles im Wege des Vergleichs hinzuwirken. Es kann daher in jedem Zeitpunkt der Verhandlung den Beteiligten Vergleichsvorschläge machen."

Aber unabhängig von der ausdrücklichen Erwähnung des Hinwirkens auf eine gütliche Beilegung des Streites in Schiedsklausel oder Schiedsgerichtsordnung ist es bei den weitaus meisten Schiedsgerichten der wirtschaftlichen Interessenverbände völlig die Regel, in Schiedsverfahren vor allem zu versuchen, einen Vergleich herbeizuführen, wobei man dabei häufig zunächst alle Form- und Fristerfordernisse unberücksichtigt läßt und diese erst erfüllt, wenn feststeht, daß ein Vergleich nicht möglich ist. Manchmal befassen sich die Schiedsklauseln bzw. Schiedsgerichtsordnungen auch speziell mit dem Abschluß eines Vergleichs vor dem Schiedsgericht. Dann hat sich der Schuldner mit Abschluß des Vergleichs meist der sofortigen[11] Zwangsvollstreckung zu unterwerfen.

3. Fristen und Verfahrensdauer

Fristen für die Erhebung der Klage sind höchst selten. Nach § 7 Abs. 1 der SchGO der Wertpapierbörse ist die Klage innerhalb einer Ausschlußfrist von 3 Monaten zu erheben, gerechnet von dem Zeitpunkt, an dem der Kläger von seinem Anspruch Kenntnis erlangt hat. Klagefristen finden sich im übrigen manchmal, wenn die Anrufung des Schiedsgerichts schon einen Rechtsbehelf, etwa gegen die Verhängung einer Geldbuße durch ein Organ eines Interessenverbandes, bedeutet. So ist beispielsweise bei 2 Kartellen das Schiedsgericht in derartigen Fällen innerhalb einer Frist von sechs Monaten anzurufen. Ziemlich selten sind auch Fristen für die Klageerwiderung. Sie liegen dann meist bei einer oder bei zwei Wochen. Für die Ernennung des vom Kläger zu bestimmenden Schiedsrichters findet sich ab und zu ebenfalls eine Frist von einer Woche oder von zwei Wochen. Oft ist dem Beklagten eine Frist zur Ernennung des von ihm zu bestimmenden Schiedsrichters gesetzt. Diese Frist wird von der Aufforderung zur Ernennung, die

---

[11] So heißt es zwar auch in § 1044 a Abs. 1 S. 1 ZPO. Aber aus § 1044 a Abs. 1 S. 1 ZPO ergibt sich zugleich, daß die Zwangsvollstreckung im Gegensatz zu den Fällen nach § 794 Ziff. 5 ZPO trotzdem nicht sofort, sondern auch erst nach der Vollstreckbarerklärung eines derart abgeschlossenen Schiedsvergleiches erfolgen kann.

normalerweise mit der Zustellung der Klage erfolgt, ab gerechnet. Sie beträgt nach § 1 Abs. 2 der SchGO des Verbandes des Feldsaaten-Groß- und Importhandels i. V. m. § 25 der Lieferungsbedingungen für landwirtschaftliche Saaten 24 Stunden, nach § 8 Abs. 1 der SchGO der Getreide- und Produktenbörse drei Tage. Sonst liegt sie wiederum meist bei einer oder bei zwei Wochen. Haben die von den Parteien bestimmten Beisitzer den Vorsitzenden zu ernennen, so finden sich vereinzelt jeweils zweiwöchige Fristen für diese Ernennung gesetzt. Werden die für die Ernennung der Schiedsrichter gesetzten Fristen überschritten, so werden die Schiedsrichter von jenen bestimmt, die hilfsweise für die Schiedsrichterernennung zuständig sind. Öfters enthalten die Schiedsklauseln bzw. Schiedsgerichtsordnungen auch Fristen für die Ablehnung von Schiedsrichtern. Überwiegend schwanken die Ablehnungsfristen dann zwischen der Pflicht zur unverzüglichen Ablehnung und 10 Tagen, von der Kenntnis oder möglichen Kenntnis des Ablehnungsgrundes an gerechnet. Vereinzelt finden sich auch Fristen für die Ansetzung des ersten Verhandlungstermins, die dann zwei oder drei Wochen betragen. Häufiger finden sich Ladungsfristen. Sie bewegen sich zwischen drei Tagen und 3 Wochen, überwiegend liegen sie bei einer Woche. In Eilfällen kann das Schiedsgericht die Frist öfters auf drei Tage verkürzen. Im übrigen finden sich die Fristen für die Ansetzung des Termins und die Ladung häufiger in das Ermessen nur des Schiedsgerichtsvorsitzenden gestellt. Die Rechtsbehelfsfrist bei jenen Interessenverbänden, nach deren Schiedsklauseln bzw. Schiedsgerichtsordnungen gegen die Schiedssprüche erster Instanz ein Rechtsbehelf zulässig ist, beträgt im allgemeinen zwei Wochen. Verschiedentlich findet sich ganz allgemein die Bestimmung, daß das Schiedsgericht bei der Gestaltung des Verfahrens auf eine höchstmögliche Beschleunigung Wert zu legen hat. Nur vereinzelt ist für den Fall einer Fristversäumnis die Wiedereinsetzung in den vorigen Stand vorgesehen, jeweils unter der Voraussetzung, daß die säumige Partei glaubhaft nachweist, daß sie ohne ihr Verschulden nicht in der Lage war, die versäumte Frist einzuhalten. Immer ist die Wiedereinsetzung ausgeschlossen, wenn seit Ablauf der versäumten Frist drei Monate vergangen sind.

Bei vielen Interessenverbänden verzichten die Parteien oft auf Fristen wie auf alle Formen bei der Einberufung des Schiedsgerichts und der Vorbereitung des Verfahrens[12]. Das wird dann, wenn eine münd-

---

[12] Typisch ist folgendes Beispiel: „Vor Eintritt in die mündliche Verhandlung erklärten die Parteivertreter, daß sie gegen die Zuständigkeit und die Zusammensetzung des Schiedsgerichts keine Einwände erheben. Sie erklärten weiter, daß sie auf die Einhaltung von Formen und Fristen bei der Einberufung und der Terminanberaumung in diesem Schiedsverfahren verzichten."

liche Verhandlung stattfindet, meist im Verhandlungsprotokoll besonders festgehalten. Über die tatsächliche Dauer der Schiedsverfahren konnte ich folgende Auskünfte erhalten. Bei einem Wirtschaftsverband mit stark spezialisiertem disponiblem Schiedsgericht dauern ebenso wie bei einem Kartell die Verfahren oft nur wenige Tage und selten länger als zwei Wochen. Bei der Industrie- und Handelskammer wie bei der Getreide- und Produktenbörse wird ein Schiedsverfahren meist mit einem Termin abgeschlossen, und es ergibt sich eine durchschnittliche Dauer von ungefähr zwei Wochen pro Verfahren. Bei einem Wirtschaftsverband mit obligatorischem Schiedsgericht, von dessen von 1961 bis April 1965 durchgeführten 40 Schiedsverfahren ich für 18 die Akten einsehen konnte, ergibt sich für diese 18 Verfahren eine durchschnittliche Verfahrensdauer von 62 Tagen, wobei die Dauer im einzelnen zwischen sieben Tagen und mehr als einem Jahr schwankt. Bei zwei anderen Interessenverbänden dauern die allerdings raren Schiedsverfahren nicht selten wenige Wochen oder auch mehrere Monate. In diesem Zusammenhang sei die manchmal vorkommende Bestimmung erwähnt, wonach die Parteien das Recht erhalten, die ordentlichen Gerichte anzurufen, wenn nicht nach einer bestimmten Zeit, z. B. nach drei oder sechs Monaten, seit Anrufung des Schiedsgerichts der Schiedsspruch gefällt worden ist.

4. Prozeßvertretung

Häufiger enhalten Schiedsklauseln bzw. Schiedsgerichtsordnungen über die Prozeßvertretung Bestimmungen, die sich nicht nur mit der unten behandelten Frage der Kostentragung für die Vertretung befassen, sondern die Vertretung als solche betreffen. Dabei ist vereinzelt ausschließlich die nach § 1034 Abs. 1 Satz 2 ZPO unabdingbare Vertretung durch Rechtsanwälte zugelassen, während überwiegend die Vertretung der Parteien durch weitere bestimmte Bevollmächtigte oder ganz allgemein gestattet wird. Verschiedentlich äußerten sich wie schon bei einigen der besonders erfaßten Unternehmen auch bei manchen der Interessenverbände die Befragten ziemlich kritisch über den Rechtsanwalt als Prozeßbevollmächtigten im Schiedsverfahren, der häufig zu sehr auf Rechtspositionen beharre und damit eine schnelle Entscheidung, bei der es den Parteien in erster Linie auf ein „wirtschaftlich vernünftiges" Ergebnis ankomme, verhindere.

5. Gestaltung des rechtlichen Gehörs und die Öffentlichkeit bei mündlicher Verhandlung

Oft beschäftigen sich die Schiedsklauseln bzw. Schiedsgerichtsordnungen von wirtschaftlichen Interessenverbänden mit der Gestaltung des nach § 1034 Abs. 1 Satz 1 ZPO unabdingbaren rechtlichen Gehörs im

Rahmen des Schiedsverfahrens. Manchmal ist eine mündliche Verhandlung obligatorisch, meist ist sie der Grundsatz, von dem abgewichen werden kann. Dafür ist dann überwiegend die Zustimmung beider Parteien notwendig. Während das rechtliche Gehör nirgends obligatorisch auf ein bloß schriftliches Verfahren beschränkt ist, ist vereinzelt die Durchführung eines schriftlichen Verfahrens der Grundsatz.

Ab und zu findet sich ein ausdrücklicher Ausschluß der Öffentlichkeit von der mündlichen Verhandlung. Vereinzelt ist es in das Ermessen des Schiedsrichters gestellt, die Anwesenheit bestimmter Dritter bei der schon ohne ausdrücklichen Ausschluß grundsätzlich nicht öffentlichen mündlichen Verhandlung des Schiedsgerichts[13] zuzulassen.

6. Beweisverfahren

Vor allem in den Schiedsgerichtsordnungen für disponible Schiedsgerichte finden sich auch Vorschriften über die Beweiserhebung, die im wesentlichen in einer Wiederholung des Inhalts der §§ 1035, 1036 ZPO bestehen. Typisch ist insoweit § 17 der Schiedsgerichtsordnung der Getreide- und Produktenbörse, der lautet:

„(1) Das Schiedsgericht kann das persönliche Erscheinen der Parteien anordnen und sie uneidlich zur Sache vernehmen.

(2) Das Schiedsgericht kann Zeugen und Sachverständige uneidlich vernehmen, die freiwillig vor ihm erscheinen.

(3) Eine vom Schiedsgericht für erforderlich erachtete richterliche Handlung, zu deren Vornahme es nicht befugt ist, ist auf Anordnung des Schiedsgerichts von einer Partei bei dem zuständigen ordentlichen Gericht zu beantragen."

Vereinzelt ist das Schiedsgericht ausdrücklich berechtigt, aus eigener Initiative heraus (von Amts wegen) zu ermitteln.

7. Beteiligung Dritter am Schiedsverfahren

Vereinzelt enthalten Schiedsgerichtsordnungen disponibler Schiedsgerichte von Wirtschaftsverbänden eine Regelung der Nebenintervention und der Streitverkündung, die jeweils grundsätzlich der der Zivilprozeßordnung folgt. Typisch ist insoweit § 23 der Schiedsgerichtsordnung der Kartoffelwirtschaft. Er lautet:

„Die Vorschriften der Zivilprozeßordnung über die Beteiligung eines Dritten am Rechtsstreit gelten entsprechend."

Regelmäßig wird dann auch gleich bestimmt, daß, wenn der Streitverkündete dem Rechtsstreit beitritt, mit seiner Zustimmung das Schiedsgericht in demselben Verfahren zugleich über den gegen ihn

---

[13] Vgl. statt aller *Baumbach-Lauterbach*, § 1034 Anm. 5 „Öffentlichkeit" und *Baumbach-Schwab*, Kap. 16 A S. 142.

oder von ihm erhobenen Anspruch entscheiden kann. Die Beteiligung von Dritten, die jedenfalls zunächst nicht der Schiedsklausel bzw. Schiedsgerichtsordnung unterworfen sind, an Schiedsverfahren bedeutet im Rahmen und kraft der ausdrücklichen Zulassung in Schiedsgerichtsordnungen im Hinblick auf die Zustimmung des Schiedsgerichts und das Einverständnis der der Schiedsklausel bzw. Schiedsgerichtsordnung bereits unterworfenen Parteien kein Problem. Der Nebenintervenient oder der beitretende Streitverkündete aber schließen sich durch ihre freiwillige Teilnahme am Schiedsverfahren dem Schiedsvertrag an, der zwischen den schon vorhandenen Parteien zur Begründung der Zuständigkeit des disponiblen Schiedsgerichts abgeschlossen worden ist. Dabei wird ein sich aus § 1027 Abs. 1 Satz 1 ZPO eventuell ergebender Formmangel gemäß § 1027 Abs. 1 Satz 2 ZPO geheilt. Mit dem Beitritt ist dann gemäß den entsprechenden Regelungen in den Schiedsgerichtsordnungen auch die Nebeninterventionswirkung, wie sie nach den §§ 74 Abs. 3, 68 ZPO bestimmt ist, im Verhältnis von Streitverkünder und Streitverkündetem oder Nebenintervenient und Hauptpartei vereinbart[14]. Tritt dagegen der Streitverkündete nicht dem Schiedsverfahren bei, so kann ihm gegenüber auch die Nebeninterventionswirkung nicht eintreten[15]. Denn auch eine begrenzte Unterwerfung, wie sie die Nebeninterventionswirkung bedeutet, unter ein disponibles Schiedsgericht setzt eine entsprechende Schiedsvereinbarung voraus. Daran aber fehlt es grundsätzlich, wenn der Streitverkündete nicht dem Schiedsverfahren beitritt[16].

8. Versäumnisurteil und Entscheidung nach Aktenlage

Während ein Versäumnisurteil nur ganz selten zulässig sein soll, ist eine Entscheidung nach Aktenlage unter gewissen Voraussetzungen, in erster Linie der des Nichterscheinens einer oder beider Parteien zum Verhandlungstermin häufiger gestattet. Typischerweise heißt es dann: „Der Erlaß eines Versäumnisurteils ist ausgeschlossen, jedoch ist das Schiedsgericht befugt, in den Fällen, in welchen das ordentliche Gericht zum Erlaß eines Versäumnisurteils berechtigt wäre, nach Lage der Akten und dem Vortrag der erschienenen Partei zu entscheiden." Die Möglichkeit eines Versäumnisverfahrens ist zwar entgegen Ma-

---

[14] *Mathies*, Die ständigen Schiedsgerichte, S. 70, 76; *Baumbach-Schwab*, Kap. 5 D I a S. 80.

[15] Insoweit ist auch die Feststellung von *Grimm-Rochlitz*, S. 16 Anm. 11, richtig, daß im Schiedsverfahren keine wirksame Streitverkündung möglich sei; vgl. auch *Baumbach-Lauterbach*, § 1034 Anm. 5 „Streitverkündung"; hier wird allerdings nach dem Dargelegten zu Unrecht die Nebeninterventionswirkung im Schiedsverfahren für jeden Fall ausgeschlossen.

[16] BGH, VersR 1965, S. 45 (46 f.) = MDR 1965, S. 124; *Baumbach-Schwab*, Kap. 5 D I a S. 80.

thies[17] nicht deshalb ausgeschlossen, weil im Schiedsverfahren die Maxime der mündlichen Verhandlung nicht gilt. Abgesehen davon, daß die mündliche Verhandlung durch viele Schiedsklauseln bzw. Schiedsgerichtsordnungen zumindest zum Grundsatz erhoben wurde, kann auch im schriftlichen Verfahren bei Versäumnis des Termins für die Einreichung aller Unterlagen für die Klage oder zur Stellungnahme durch den Beklagten die Klage abgewiesen bzw. das klägerische Vorbringen als zugestanden angesehen werden. Solches zu bestimmen, haben die Parteien wie die Schiedsrichter das Recht, da die Würdigung des Parteiverhaltens im Schiedsverfahren an keine Normen gebunden ist[18]. Allerdings kann über die Geständnisfiktion hinaus nicht ein dem Versäumnisurteil im ordentlichen Verfahren entsprechender, d. h. nur vorläufig vollstreckbarer Schiedsspruch erlassen werden. Denn nach § 1040 ZPO hat jeder Schiedsspruch die Wirkung eines rechtskräftigen Urteils, d. h. ist — unter der Voraussetzung der Vollstreckbarerklärung — endgültig vollstreckbar oder aber überhaupt kein Schiedsspruch[19].

9. Rechtsbehelfe

Öfters ist gegen den ersten Schiedsspruch ein Rechtsbehelf zugelassen. Er wird dann meist als Berufung bezeichnet und entspricht im wesentlichen auch der Wirkung, die dieses Rechtsmittel nach der Zivilprozeßordnung hat. Vereinzelt wird eine bestimmte Höhe des Beschwerdegegenstandes, beispielsweise 1000,— DM, für die Zulässigkeit vorausgesetzt. Nach § 11 Abs. 9 der SchGO des Feldsaatenhandels ist die Berufung nur zulässig, wenn das Urteil erster Instanz erfüllt ist. In seltenen Fällen ist die Zulässigkeit der Berufung von der Hinterlegung einer Sicherheit abhängig gemacht. Die Berufungsgerichte sind jeweils mindestens mit drei Schiedsrichtern, öfters sind sie mit fünf Schiedsrichtern besetzt. In einer der 11 Schiedsgerichtsordnungen ist über die zweite Instanz hinaus auch noch eine dritte Instanz vorgesehen.

Von den Fällen, da gegen den Schiedsspruch des Schiedsgerichts ein Rechtsbehelf gegeben ist, sind jene zu unterscheiden, in denen die Anrufung eines erst- oder überhaupt nur eininstanzlichen Schiedsgerichts selbst schon einen Rechtsbehelf darstellt, nämlich gegen Entscheidungen, etwa Bußgeldverfügungen, die durch ein Organ des betreffenden Interessenverbandes erlassen wurden. Derartige Fälle sind selten.

---

[17] *Mathies*, Die ständigen Schiedsgerichte, S. 81.

[18] *Baumbach-Schwab*, Kap. 16 C S. 143; *Stein-Jonas-Schönke-Pohle*, § 1034 Anm. III 3.

[19] *Baumbach-Schwab*, Kap. 16 C S. 143; *Baumbach-Lauterbach*, *§ 1034* Anm. 5 Stichwort „Versäumnis“; *Stein-Jonas-Schönke-Pohle*, § 1034 Anm. III 3; im Ergebnis ebenso OLG Köln, JW 1932, S. 2902 mit zust. Anm. von *Leo*.

d) Die materielle Rechtsgrundlage sowie Form, Inhalt und Realisierung der Schiedssprüche

§ 16: Öfters enthalten die Schiedsklauseln bzw. Schiedsgerichtsordnungen von wirtschaftlichen Interessenverbänden eine Bestimmung über die materielle Rechtsgrundlage des Schiedsspruchs, also über das vom Schiedsgericht anzuwendende materielle Recht oder den Umfang seiner Bindung an dieses. Sie lautet vereinzelt dahin, daß das Schiedsgericht nach geltendem deutschen Recht zu entscheiden habe. Meist wird jedoch dem Schiedsgericht ein Ermessensspielraum[20] eingeräumt. Typisch hierfür ist die Bestimmung:

„Das Schiedsgericht hat bei seinen Entscheidungen Gesichtspunkte der Zweckmäßigkeit und Billigkeit gebührend zu berücksichtigen."

Häufig heißt es ausdrücklich, daß der Schiedsspruch schriftlich zu begründen ist. Nirgends fand sich eine Bestimmung, wonach das Schiedsgericht von vornherein von seiner Begründungspflicht befreit ist.

Öfters ist die Niederlegung des Schiedsspruches beim ordentlichen Gericht obligatorisch. Beim Mangel einer derartigen Bestimmung unterbleibt sie sonst meist.

Im Hinblick auf eventuelle Vollstreckbarerklärung- oder Aufhebungsverfahren vor den staatlichen Gerichten finden sich nur in wenigen Schiedsklauseln bzw. Schiedsgerichtsordnungen Vorschriften. In § 4 Abs. 7 der Schiedsgerichtsordnung der Industrie- und Handelskammer wird ausdrücklich festgestellt:

„Nach Fällung eines Schiedsspruches und nach Abschluß eines Schiedsvergleichs unter Beachtung des § 1044a ZPO sind die Parteien berechtigt, vor dem zuständigen ordentlichen Gericht Antrag auf Vollstreckbarerklärung zu stellen."

Es war nicht von einem einzigen Verfahren auf Vollstreckbarerklärung oder Aufhebung eines Schiedsspruches zu erfahren, der von den Schiedsgerichten der wirtschaftlichen Interessenverbände mit eigener Schiedsgerichtsbarkeit erlassen wurde. Dabei wurde allerdings von den Befragten öfters keineswegs verschwiegen, daß die unterlegenen Parteien manchmal mit dem Ausgang des Schiedsverfahrens unzufrieden sind. Nur ausnahmsweise findet sich eine Vorschrift wie § 33 SchGO der Getreide- und Produktenbörse. Hier heißt es:

„Im Rahmen des Börsengesetzes und der Börsenordnung ist der Vorstand berechtigt, den Namen einer Firma, die einen rechtskräftigen Schiedsspruch oder einen vor dem Schiedsgericht geschlossenen Vergleich nicht innerhalb einer Frist von 30 Tagen nach erfolgter Zustellung ausführt, durch Anschlag

---

[20] Vgl. zur Zulässigkeit der Billgkeitsentscheidung oben § 7 Anm. 24.

in der Börse oder anderweitige Veröffentlichung und durch Mitteilung an andere Börsen bekanntzugeben. Bevor der Vorstand solche Maßnahmen ergreift, ist der betreffenden Partei unter Setzung einer angemessenen Frist Gelegenheit zur Stellungnahme zu geben; der Ausgang eines von der Partei nachgewiesenen anhängigen Vollstreckungs- oder Anfechtungsverfahrens vor einem deutschen Gericht ist abzuwarten."

Es kommt vor, daß von dieser Bestimmung Gebrauch gemacht wird, aber das ist selten. Eine ausdrückliche Bestimmung, wonach die Nichtbefolgung eines Schiedsspruches ein den Ausschluß aus dem Verband rechtfertigender wichtiger Grund ist, fand sich nirgends.

e) Die Kostenregelung

§ 17: Die Mehrzahl der Schiedsklauseln bzw. Schiedsgerichtsordnungen der wirtschaftlichen Interessenverbände enthält Bestimmungen über die Kosten des Schiedsverfahrens. Häufig wird bestimmt, wer die Höhe des Streitwerts festzusetzen hat. Überwiegend ist es das Schiedsgericht insgesamt. Die Erhebung eines Kostenvorschusses und dessen Höhe wird meist in das Ermessen des Schiedsgerichts oder dessen Vorsitzenden gestellt. Nach allerdings sehr seltenen Regelungen kann dabei auch vom Beklagten ein Kostenvorschuß verlangt werden. Teilweise sind die Folgen des Ausbleibens des Kostenvorschusses ausdrücklich geregelt, und wenn es — wie in der Schiedsgerichtsordnung eines Wirtschaftsverbandes mit obligatorischem Schiedsgericht — nur heißt:

„Solange ein Antragsteller oder -Gegner einen Vorschuß nicht bezahlt, wird das Schiedsgericht nicht weiter tätig."

Viele der Schiedsklauseln bzw. Schiedsgerichtsordnungen, die sich mit den Kosten des Schiedsverfahrens befassen, legen auch die Bestimmung der endgültigen Höhe der Kosten in das Ermessen des Schiedsgerichts, und zwar immer des Schiedsgerichts insgesamt, nie des Vorsitzenden allein, manchmal unter Angabe gewisser Anhaltspunkte. Nicht selten[21] finden sich für die Höhe der zu erhebenden Kosten in der Schiedsgerichtsordnung oder einer besonderen Gebührenordnung Schiedsgerichtsgebühren festgesetzt. Die sich danach ergebenden Gebühren für die Inanspruchnahme der betreffenden Schiedsgerichte bis zum Fällen eines Schiedsspruchs schwanken für einen Streitwert von 1000,— DM zwischen 30,— DM und 600,— DM, für einen Streitwert von 10.000,— DM zwischen 120,— DM und 900,— DM und für einen Streitwert von 100.000,— DM zwischen 1000,— DM und 5.250,— DM. Nach allen Schiedsgerichts- oder Gebührenordnungen kommen zu den Schiedsgerichtsgebühren noch die Auslagen des Schiedsgerichts einschließlich der Schiedsrichter hinzu. Die sich so

---

[21] Aber keineswegs, wie *Grimm-Rochlitz,* S. 66 Anm. 14, meinen, bei den meisten Verbänden.

ergebende Summe macht dann also die Schiedsgerichtskosten aus. Wegen der Einzelheiten wird insoweit auf Tabelle 5 mit Anhang verwiesen.

Zu den Gebührenregelungen, auf Grund deren ausdrücklich Schiedsgerichtsgebühren erhoben werden, kommen praktisch jene bereits[22] erörterten Regelungen hinzu, wonach zwar keine Schiedsgerichtsgebühren als solche erhoben werden, den Schiedsrichtern aber der Höhe nach in der Schiedsgerichtsordnung vorgeschriebene Vergütungen von den Parteien zu zahlen sind. In diesen Fällen ergeben sich die Kosten der Schiedsverfahren aus der Höhe dieser Vergütung, während die Unkosten der Schiedsrichter dann nur selten noch zusätzlich zu erstatten sind.

Überwiegend hat das Schiedsgericht die Schiedsgerichtskosten, d. h. die entstandenen Schiedsgerichtsgebühren oder fälligen Schiedsrichtervergütungen zusätzlich der zu ersetzenden Auslagen, ausdrücklich nach freiem Ermessen auf die Parteien zu verteilen. Oft wird aber auch die Kostenverteilung im einzelnen geregelt, dann meist derart, daß der Unterlegene die Kosten zu tragen hat. Nicht selten findet sich die ausdrückliche Vorschrift, daß beide Parteien unabhängig von der Kostenverteilung untereinander dem Träger des Schiedsgerichts für die Kosten des Verfahrens stets gesamtschuldnerisch haften, wie sie es sonst nach § 427 BGB auch gegenüber den Schiedsrichtern tun, da der Schiedsrichtervertrag grundsätzlich mit beiden Parteien abgeschlossen wird[23].

Eine ganze Reihe der Schiedsklauseln bzw. Schiedsgerichtsordnungen, die Kostenbestimmungen enthalten, befassen sich auch mit den außergerichtlichen Kosten, d. h. in erster Linie den Prozeßvertretungskosten. Deren Höhe entspricht gemäß § 67 BRAGebO grundsätzlich der der Vertretung vor den staatlichen Gerichten[24]. Nach den getroffenen Regelungen sind die außergerichtlichen Kosten meist von jeder Partei selbst zu tragen, unabhängig vom Ausgang des Verfahrens. Nur ausnahmsweise hat die verlierende Partei der obsiegenden ihre außergerichtlichen Kosten zu ersetzen. Manchmal verbleibt die Verteilung der außergerichtlichen Kosten auf die Parteien ausdrücklich im Ermessen des Gerichts.

f) Die Gestaltung der Schiedsgutachten- und der Schlichtungstätigkeit

§ 18: Während die Schiedsgutachtenausschüsse der wirtschaftlichen Interessenverbände regelmäßig nur für bestimmte fachliche Probleme

---

[22] Vgl. oben § 14 und Tabelle 4 mit Erläuterungen.
[23] Vgl. oben § 6 Anm. 19 und RG, JW 1927, S. 1484.
[24] Vgl. auch § 46 BRAGebO.

zuständig sind, ist die Zuständigkeit der Schlichtungsstellen der Interessenverbände in ihrem sachlichen Umfang in der Regel nicht grundlegend von der Zuständigkeit der Schiedsgerichte bei Interessenverbänden verschieden. Soweit sich über die Schiedsgutachtentätigkeit überhaupt ins einzelne gehende Bestimmungen finden, folgen diese unter Anpassung an die zu begutachtenden Objekte überwiegend den Regelungen der Schiedsgerichtsbarkeit. Dementsprechend lautet bei einem Wirtschaftsverband mit Schiedsgerichtsbarkeit und Schiedsgutachtentätigkeit für die Schiedsgutachtentätigkeit die entscheidende Vorschrift: „Sollen nur besimmte fachliche Streitfragen unter Ausschluß des Rechtsweges entschieden werden (Schiedsgutachten), dann sind die Bestimmungen dieser Schiedsgerichtsordnung sinngemäß anzuwenden." Freilich verzichtet man für die Schiedsgutachtenausschüsse regelmäßig auf die Beteiligung von Juristen. Auch ist es zumindest der Grundsatz, die Begutachtung im schriftlichen Verfahren durchzuführen.

Auch die förmliche Ausgestaltung der Schlichtungstätigkeit, soweit sie überhaupt erfolgt[25], lehnt sich bei den Interessenverbänden weitgehend an im Schiedsgerichtswesen übliche Regelungen an, mit der wesentlichen Ausnahme, daß die Schlichter meist Repräsentanten der Interessenverbände sind[26]. Die Anlehnung im übrigen wird wiederum deutlich bei Interessenverbänden mit förmlich gestalteter und grundsätzlich voneinander getrennter Schlichtungstätigkeit einerseits und eigener Schiedsgerichtsbarkeit andererseits. Denn insoweit wird dann oft von den Vorschriften für eine der beiden Arten der Streitbehandlung durch Dritte auf die der anderen Art verwiesen.

---

[25] Vgl. oben § 11.
[26] Vgl. oben § 11.

C. Die Inanspruchnahme der ordentlichen Gerichte Frankfurts im Zusammenhang mit Schiedssachen

§ 19: Nur ganz wenig werden die ordentlichen Gerichte im Vergleich zu ihrer sonstigen Inanspruchnahme in Rechtsstreitigkeiten wegen Schiedssachen in Anspruch genommen. Das gilt auch, wenn man beim Landgericht die Schiedssachen nur mit den Prozessen vor den Kammern für Handelssachen, aus deren Zuständigkeitsbereich die meisten Schiedssprüche kommen, vergleicht. Äußerst gering nimmt sich auch die Zahl der Niederlegungen gegenüber der der streitigen Endurteile in gewöhnlichen Prozessen aus. Sie macht im Durchschnitt beim Landgericht — Kammern für Handelssachen — knapp 1 %, beim Amtsgericht wesentlich weniger als 1 % aus, auch wenn man die niedergelegten Schiedsvergleiche mitberücksichtigt[1]. Allerdings entspricht dieses Bild nicht dem tatsächlichen Verhältnis der Bedeutung von ordentlicher Gerichtsbarkeit und Schiedsgerichtsbarkeit, nicht in der Zahl der Verfahren oder Urteile bzw. Schiedssprüche, nicht unter dem Gesichtspunkt der Wichtigkeit der Verfahren, d. h. vor allem der Größe der Streitwerte, und nicht bei Berücksichtigung der Tatsache, daß die Bedeutung der Schiedsgerichtsbarkeit sich nur zum Teil in den Schiedsverfahren niederschlägt. Daß sich aus der Zahl der Niederlegungen keinesfalls auf die Zahl der durchgeführten Verfahren oder auch nur der gefällten Schiedssprüche schließen läßt, ergibt sich bereits aus der oben[2] geschilderten Regelung und Handhabung der Niederlegung bei den Interessenverbänden. Hier ist die Niederlegung insgesamt gesehen durchaus die Ausnahme[3], sie erfolgt aber auch bei Schiedssprüchen von isolierten Schiedsgerichten nur selten. Aber die beim Landgericht niedergelegten Schiedssprüche machen deutlich, daß man Schiedsgerich-

---

[1] Wegen der Einzelheiten über die Beschäftigung der ordentlichen Gerichte Frankfurts mit Schiedssachen und deren Verhältnis zur sonstigen Inanspruchnahme der ordentlichen Gerichte wird auf die Tabellen 6 und 7 im Anhang verwiesen. Eine Analyse der niedergelegten Schiedssprüche findet sich in Tabelle 8 mit Erläuterungen.

[2] Vgl. oben § 16.

[3] Vgl. *Mathies*, Die Schiedsgerichte des Großhandels, S. 288 u. 292, sowie Die ständigen Schiedsgerichte, S. 14 Anm. 2: „Diese Zahlen (von *Magnus*, DJZ 1912, S. 1179, über Niederlegungen beim Landgericht Berlin in den Jahren 1910, 1911) lassen indessen keinen Rückschluß auf die Bedeutung der ständigen Schiedsgerichte zu, da bei diesen die Schiedssprüche nur in Ausnahmefällen hinterlegt zu werden pflegen." Ebenso *Berges*, KTS 1960, S. 98.

ten auch Entscheidungen über Streitigkeiten mit hohem Streitwert anvertraut, wo dann allerdings die Schiedssprüche relativ oft niedergelegt werden. Fünf- und sechsstellige Zahlen sind hier keineswegs selten und selbst siebenstellige finden sich verschiedentlich. Daß die Bedeutung der Schiedsgerichtsbarkeit sich schließlich nur zum Teil in der Durchführung von Schiedsverfahren niederschlägt, wird im folgenden Teil ausgeführt werden.

D. Zusammenfassung der rechtstatsächlichen Feststellungen

§ 20

1. Im Versicherungswesen ist nur die Schiedsgutachtentätigkeit von Bedeutung. Die Schiedsgerichtsbarkeit spielt ebenso wie im Bankwesen eine ganz untergeordnete Rolle.

(vgl. § 2 Ziff. 1 und 2, § 4)

2. Für die Unternehmen aus Handel und Industrie ist die Schiedsgerichtsbarkeit in erster Linie im internationalen Geschäftsverkehr, im übrigen nur für einige Branchen sowie für bestimmte Arten von Rechtsverhältnissen von Bedeutung. Zu Schiedsverfahren kommt es allgemein nur selten. Ihre Dauer schwankt zwischen mehreren Wochen und mehr als 1 1/2 Jahren.

(vgl. § 2 Ziff. 3, §§ 3, 4, 7)

3. Schiedsklauseln in Allgemeinen Geschäftsbedingungen finden sich fast nur in solchen, die von Interessenverbänden verfaßt sind, und in bedeutendem Umfang nur in der Textilwirtschaft und im Handel mit landwirtschaftlichen Erzeugnissen.

(vgl. § 2 Ziff. 3, § 10 Ziff. 1)

4. Die von den Unternehmen vereinbarten Schiedsgerichte sind der Zahl der Vereinbarungen nach überwiegend solche institutioneller, jedoch auch häufig solche isolierter Art.

Die Zuständigkeit erstreckt sich öfters auf die Entscheidung über die Wirksamkeit des Hauptvertrages, dagegen nur selten auf ein nach einer etwaigen Aufhebung des Schiedsspruchs neu durchzuführenden Verfahren.

Das Innenverhältnis von Unternehmen betreffende Schiedsklauseln umfassen regelmäßig nur Streitigkeiten der Gesellschafter oder Genossenschafter untereinander.

(vgl. § 5)

5. Die von den Unternehmen vereinbarten Schiedsgerichte setzen sich regelmäßig aus zwei von den Parteien ernannten Beisitzern und einem meist von den Beisitzern oder Dritten ernannten Schiedsgerichtsvorsitzenden, oft einem Juristen, zusammen.

(vgl. § 6)

6. Verfahrensregelungen finden sich in den Schiedsverträgen der Unternehmen nur selten.

In erster Linie im Rahmen des internationalen Geschäftsverkehrs sind Bestimmungen über das vom Schiedsgericht anzuwendende materielle Recht häufig. Oft wird dann dem Schiedsgericht ein Ermessen eingeräumt.

Neben dem Ersatz der Auslagen erhalten die Schiedsrichter meist eine Vergütung in Höhe der Gebühren eines Rechtsanwaltes zweiter Instanz oder der doppelten eines Rechtsanwaltes erster Instanz für den Vorsitzenden und in Höhe der Gebühren eines Rechtsanwaltes erster Instanz für die Beisitzer.

Nur vereinzelt werden die Schiedssprüche niedergelegt.

(vgl. § 7)

7. Die Gestaltung der Schiedsgutachtentätigkeit wie der Schlichtungstätigkeit, soweit sie überhaupt formalisiert ist, ähnelt bei Unternehmen und wirtschaftlichen Interessenverbänden stark der Gestaltung der Schiedsgerichtsbarkeit.

(vgl. §§ 8, 18)

8. Gut ein Drittel der erfaßten wirtschaftlichen Interessenverbände hat eine eigene Schiedsgerichtsbarkeit. Dasselbe Verhältnis ergibt sich bei gesonderter Betrachtung der Wirtschaftsverbände. Kartelle haben meist ein eigenes Schiedsgerichtswesen.

Nur bei etwa einem Drittel der Interessenverbände mit eigener Schiedsgerichtsbarkeit kam es im Untersuchungszeitraum zu Schiedsverfahren. Lediglich bei einigen Interessenverbänden wurden durchschnittlich mehr als 10 Verfahren pro Jahr abgewickelt. Die Verfahrensdauer schwankte zwischen wenigen Tagen und mehr als einem Jahr.

(vgl. vor § 9 und §§ 10, 12, 15 Ziff. 3)

9. Bei vielen wirtschaftlichen Interessenverbänden ist die Zuständigkeit des Schiedsgerichts ganz allgemein nur fakultativ oder disponibel begründet. Ganz selten ist die Ausdehnung der obligatorischen Zuständigkeit auch auf solche Streitigkeiten der Mitglieder untereinander, die nicht Mitgliedschaftsstreitigkeiten sind.

(§§ 10, 13)

10. Für die im Unternehmensteil dargestellte Gestaltung der Gerichtsbarkeit isolierter Schiedsgerichte einerseits und die im Interessenverbandsteil dargestellte Gestaltung der Gerichtsbarkeit institutioneller Schiedsgerichte andererseits ergeben sich über die bei den institutionellen Schiedsgerichten im allgemeinen überhaupt ausführlichere Gestaltung hinaus lediglich drei wesentliche Unterschiede.

Der Umfang der abstrakten Zuständigkeit auch in persönlicher und sachlicher Hinsicht ist bei den institutionellen Schiedsgerichten grundsätzlich weiter als bei den isolierten.

Bei der Bildung der institutionellen Schiedsgerichte wirken häufiger die Repräsentanten der sie tragenden Verbände mit. Derartiges kommt bei den isolierten Schiedsgerichten nicht in Betracht.

Gegen die Schiedssprüche institutioneller Schiedsgerichte gibt es verschiedentlich eine Berufungsmöglichkeit.

(vgl. §§ 5 bis 7 und §§ 13 bis 17)

11. Die verschiedenartige Begründung der Zuständigkeit der Schiedsgerichte der wirtschaftlichen Interessenverbände, je nachdem ob es sich um obligatorische, fakultative oder disponible Schiedsgerichte handelt, wirkt sich auf die Gestaltung der Schiedsgerichtsbarkeit im übrigen nicht aus. Allerdings ist zu berücksichtigen, daß regelmäßig nur für disponible Schiedsgerichte wirklich umfassende Regelungen für die Gestaltung der Schiedsgerichtsbarkeit bestehen.

(vgl. §§ 10, 13 bis 17)

12. Für die drei erfaßten Gruppen der wirtschaftlichen Interessenverbände, also Wirtschaftsverbände, Kartelle und Kammern und Börsen, ergeben sich nur für die Begründung der Zuständigkeit ihrer Schiedsgerichte typische Unterschiede. Die Zuständigkeit ist bei den Wirtschaftsverbänden noch überwiegend obligatorisch, bei den Kartellen ist sie fakultativ und bei den Kammern und Börsen disponibel gestaltet.

(vgl. § 10)

13. Feststellungen, wonach die Schiedsgerichtsbarkeit einen bedeutenden Umfang angenommen hat[1], sie im deutschen Wirtschaftsleben „eine große Rolle" spielt[2], die Aufgaben der Schiedsgerichte „ständig wachsen"[3], der Schiedsgerichtsbarkeit „in den Fachverbänden zukünftig bestimmt noch größere Bedeutung (zukommt), als es heute schon der Fall ist"[4], treffen für den Untersuchungszeitraum und in dieser Allgemeinheit keineswegs zu.

---

[1] Vgl. § 1 mit Anm. 3.

[2] *Schönke,* in Handwörterbuch der Sozialwissenschaften, Stichwort „Schiedsgerichtsbarkeit", Bd. 9, S. 118.

[3] *Habscheid,* KTS 1959, S. 183.

[4] *Dietz,* a.a.O., S. 16.

Zweiter Teil

Die Ursachen der heutigen Bedeutung und Gestaltung der Schiedsgerichtsbarkeit in der Wirtschaft

Grundlegende Ursache für die im ersten Teil aufgezeigte derzeitige Lage der Schiedsgerichtsbarkeit in der Wirtschaft ist insgesamt gesehen eine Einstellung der entsprechenden Wirtschaftskreise zu Rechtsstreitigkeiten, die ich als „wirtschaftliche Betrachtungsweise" bezeichnen möchte. Das gilt sowohl für jene Gebiete, auf denen das Schiedsgerichtswesen von beträchtlicher Bedeutung ist, als auch für jene, auf denen es nur eine geringe oder keine Rolle spielt. Die wirtschaftliche Betrachtungsweise wurde von den Befragten in den Unternehmen wie in den Interessenverbänden, soweit sie sich mit dem Problem der Schiedsgerichtsbarkeit beschäftigen, immer wieder als entscheidend hervorgehoben. Im Hinblick auf Rechtsstreitigkeiten bedeutet sie im Gegensatz zum juristischen Denken als einem Erfassen der „alogischen Vorgänge ... des Soziallebens im logischen Begriffsnetz des dogmatischen Rechtssystems"[1] zum einen, daß man auch die Rechtsstreitigkeiten wie andere Auseinandersetzungen in der Wirtschaft ausschlaggebend unter wirtschaftlichen Gesichtspunkten sieht. Dementsprechend orientiert man die Lösung, vor allem aber auch das Verfahren zur Lösung von Rechtsstreitigkeiten, nur am Rande an gesetzlichen Erfordernissen und rechtlichen Maßstäben, in erster Linie dagegen an wirtschaftlichen Faktoren und wünscht, wenn man die Beendigung von Rechtsstreitigkeiten Dritten, also auch Schiedsrichtern anvertraut[2], eine ebensolche Orientierung. Das ist generell unabhängig davon, ob einem Schiedsgericht ausdrücklich ein Ermessen eingeräumt wurde oder nicht. Es wird gar nicht, wie etwa Köppel[3] meint, von der Wirtschaft „nur das Recht und nichts anderes" vor den Schiedsgerichten gesucht. Die ausdrückliche Bestimmung, daß ein Schiedsgericht nach der Rechtslage

---

[1] *Hirsch,* Stichwort „Juristisches Denken" in Wörterbuch der Soziologie, S. 248.

[2] Ähnlich den Auskünften der Praxis — vgl. dazu auch oben § 1 — z. B. auch *Baumbach-Lauterbach,* Einf. § 1034 Anm. 2 B; *Berges,* KTS 1960, S. 99, 106; *Beringe,* Betr. 1954, S. 778; *Blomeyer,* K., S. 54; *Schönke-v. Staff,* S. 37.

[3] a.a.O., S. 385.

zu entscheiden habe[4], ist dementsprechend eine deutliche Ausnahme. Viel eher wird dem Schiedsgericht über das nach § 1034 ZPO gesetzlich eingeräumte Ermessen hinsichtlich der Gestaltung des Verfahrens hinaus auch für die Entscheidung selbst ausdrücklich ein mehr oder weniger großer Ermessensspielraum gewährt[5]. Um die Ursachen der aufgezeigten Lage der Schiedsgerichtsbarkeit im einzelnen zu klären, ist also in erster Linie zu untersuchen, inwieweit die Schiedsgerichtsbarkeit der Forderung nach einer wesentlich wirtschaftlichen Betrachtungsweise bei der Behandlung von Rechtsstreitigkeiten genügt.

---

[4] Vgl. oben § 7.

[5] Vgl. § 7 und § 16 und das von *Bindhardt* in Bau- und Bauindustrie 1963, S. 460 angeführte, sehr informative Beispiel einer schiedsgerichtlichen Ermessensentscheidung aus der Praxis der Bauwirtschaft.

A. Der Zeitfaktor

§ 21: Anselm von Feuerbach sagte einmal: „Ein verspäteter Rechtsgewinn ist öfters so schlimm, oft verderblicher als ein zeitiger Rechtsverlust[6].“ Das trifft in der Wirtschaft nicht nur wegen der unbedingten Notwendigkeit des Kalkulierens einerseits und der Möglichkeit der steuerlichen Abschreibung von Verlusten andererseits besonders zu, sondern vor allem auch deshalb, weil, wie es ein bedeutender Wirtschaftsjurist mir gegenüber formulierte, „dem Geschäftsmann heute 10 DM lieber sind als übermorgen 20 DM; denn bis dahin hat er aus den 10 DM bereits 30 DM gemacht“. Hinzu kommt, daß „das reibungslose Arbeiten wirtschaftlich komplizierter Verträge nur dann gewährleistet ist, wenn auftretende Meinungsverschiedenheiten sobald wie möglich bereinigt werden. Nichts ist für den Bestand derartiger Verträge gefährlicher, als daß sich Konfliktstoff lange Zeit hindurch ansammelt und dadurch, auch wenn es sich zunächst nur um untergeordnete Fragen handelt, allmählich die Atmosphäre loyaler Zusammenarbeit getrübt wird“[7]. Der Zeitfaktor ist also bei der Behandlung von Rechtsstreitigkeiten in der Wirtschaft von hervorragender Bedeutung.

Die kürzere Dauer, die die Beendigung von Rechtsstreitigkeiten benötige, wenn man sich nicht an die ordentlichen, sondern an Schiedsgerichte wendet, wird in der Literatur[8] sehr oft unter den als Vorteil angeführten Eigenschaften der Schiedsgerichtsbarkeit[9] genannt und soll eine der Hauptursachen für die Hinwendung zur Schiedsgerichtsbarkeit, vor allem in der Wirtschaft, sein. Auch im Bericht der Kommission zur Vorbereitung einer Reform der Zivilgerichtsbarkeit aus dem Jahre 1961 heißt es als Zusammenfassung der Auskünfte der von der Kommission befragten Richter, Rechtsanwälte und Verbandsvertreter[10]: „An vorderster Stelle der Beweggründe steht wohl der Wunsch nach einer möglichst raschen Entscheidung im Streitfall.“ Unter den aus der Wirtschaft Befragten waren es in erster Linie Vertreter jener Interessenverbände mit disponiblen Schiedsgerichten, die sich in glei-

---

[6] Die hohe Würde des Richteramts, a.a.O., S. 10.

[7] *Ehlers*, a.a.O., S. 219.

[8] Vgl. § 1 mit Anm. 4.

[9] a. A. *Schopp*, S. 594.

[10] a.a.O., S. 183

cher Weise äußerten. Aber die Antworten der aus der Wirtschaft Befragten sind hinsichtlich der Frage der Dauer der Schiedsverfahren und ob diese als Vorteil der Schiedsgerichtsbarkeit zu werten sei, keineswegs so einhellig wie die Stellungnahmen in der Literatur. Im Gegenteil, die Dauer der Schiedsverfahren wurde von den Befragten aus den Unternehmen wie aus den Interessenverbänden insgesamt gesehen nicht als Vorteil, sondern überwiegend als Nachteil des Schiedsgerichtswesens bezeichnet. Im Vergleich zur Dauer der Prozesse vor den ordentlichen Gerichten ergibt sich folgendes:

Der wiederholte Ausschluß der obligatorischen schiedsgerichtlichen Zuständigkeit für Wechsel-, Scheck- und Urkundenprozesse sowie für Fälle, die „mit keinerlei sachlichen Meinungsverschiedenheiten" verbunden, d. h. vor allem die für die Durchführung im gerichtlichen Mahnverfahren geeignet sind[11], zeigt zunächst, daß in diesem Verfahren die Schnelligkeit der Tätigkeit der ordentlichen Gerichte den Anforderungen der Wirtschaft genügt, bzw. daß die Schiedsgerichte hier nicht wesentlich schneller arbeiten könnten[12].

Sieht man sich die im ersten Hauptteil angeführten Verfahrensfristen im Schiedsgerichtswesen an[13], so zeigen sich hinsichtlich ihrer Mindestlänge keine wesentlichen Unterschiede zu den Fristen für die Verfahren vor den staatlichen Gerichten, soweit für beide Verfahren überhaupt einander entsprechende Fristen bestehen. So beträgt die Einlassungsfrist für Verfahren vor den Amtsgerichten nach § 499 ZPO für im Gerichtsbezirk Ansässige drei Tage, im übrigen grundsätzlich eine Woche, für Verfahren vor den Landgerichten nach § 262 ZPO allgemein zwei Wochen. Die Ladungsfrist beträgt nach § 217 ZPO beim Amtsgericht grundsätzlich drei Tage, beim Landgericht grundsätzlich eine Woche. In den wenigen Fällen, da in Schiedsgerichtsordnungen den Einlassungsfristen entsprechende Fristen für die Klageerwiderung gesetzt sind, betragen diese eine oder zwei Wochen[14], die häufigeren Ladungsfristen schwanken zwischen drei Tagen und drei Wochen, liegen aber meist bei einer Woche[15]. Diese Fristen sind aber, besonders im Rahmen des Schiedsgerichtswesens, nur ein Indiz für die Dauer der Verfahren. Das gilt, wenn auch in vermindertem Maße, ebenfalls für die Vorschriften in Schiedsklauseln bzw. Schiedsgerichtsordnungen, wonach etwa innerhalb einer Frist von

---

[11] Vgl. oben § 5 und Tabelle 1, Erl. zu IV Sp. 3 u. 6; so auch § 1 des Entwurfs einer Schiedsgerichtsordnung für Verbandsschiedsgerichte von *Schottelius*, Die kaufmännische Schiedsgerichtsbarkeit, S. 178.

[12] Vgl. auch *Baumbach-Schwab*, Kap. 5 B II b, S. 79.

[13] Vgl. oben § 15, 3.

[14] Vgl. § 15, 3.

[15] Vgl. § 15, 3.

zwei oder von drei Wochen der erste und faktisch meist der einzige Verhandlungstermin stattfinden muß[16]; oder für Bestimmungen, welche die Dauer des Schiedsverfahrens ausdrücklich begrenzen, daß z. B. die Parteien die ordentlichen Gerichte anrufen können, wenn innerhalb von drei oder sechs Monaten kein Schiedsspruch gefällt worden ist[17]. Für die tatsächliche Dauer der Verfahren sind auf der einen Seite die häufigen und wichtigen, vor allem bei einer und zwei Wochen liegenden Fristen für die Ernennung der Schiedsrichter zu berücksichtigen[18]. Auf der anderen Seite ist zu bedenken, daß auf die Einhaltung aller Fristen ebenso wie auf die eventueller Formen im Schiedsverfahren sehr oft verzichtet wird[19], während der nach § 224 Abs. 1 ZPO für das ordentliche Verfahren zugelassene Verzicht auf Fristen praktisch bedeutungslos ist[20].

Entscheidend bleibt also für die Frage der Schnelligkeit, mit der Rechtsstreitigkeiten beendet werden, bei den Schiedsverfahren wie bei den Verfahren vor den ordentlichen Gerichten die praktische Durchführung der Verfahren. Für die Schiedsgerichtsbarkeit gilt das um so mehr, als Gesetz (§ 1034 ZPO) wie Schiedsklauseln bzw. Schiedsgerichtsordnungen[21] den Schiedsrichtern hierfür — ob mit oder ohne Setzen einiger Fristen — einen weiten Ermessensspielraum lassen. Ein Urteil über diese Frage kann sich daher nur aus der tatsächlichen Dauer der Verfahren ableiten.

Bei den Schiedsgerichten einiger Interessenverbände dauern die eininstanzlichen Schiedsverfahren im Normalfall nicht länger als etwa zwei Wochen. Das sind vor allem solche Schiedsgerichte, die relativ viel mit Schiedsverfahren befaßt werden. Bei den Schiedsgerichten anderer Interessenverbände nimmt die Erledigung nicht selten einige Wochen oder auch Monate in Anspruch und besonders bei isolierten Schiedsgerichten sind eininstanzliche Schiedsverfahren, die länger als ein Jahr dauern, keine Ausnahme, ja manchmal vergehen auch mehr als eineinhalb Jahre bis zu ihrer Beendigung[22]. Für das Amtsgericht Frankfurt am Main ergab sich demgegenüber für den Untersuchungszeitraum, daß etwa die Hälfte der durch ein streitiges Endurteil abgeschlossenen Prozesse weniger als drei Monate, ungefähr 1/4 drei bis

---

[16] Vgl. § 15, 3.

[17] Vgl. § 15, 3.

[18] Vgl. § 15, 3.

[19] Vgl. § 15, 3.

[20] *Baumbach-Lauterbach*, § 224 Anm. 1; *Stein-Jonas-Schönke-Pohle*, § 224 Anm. I.

[21] Vgl. oben § 7 und § 15.

[22] Vgl. § 7 und § 15, 3 a. E.

sechs Monate und annähernd 1/4 länger als sechs Monate dauerte; beim Landgericht dauerten knapp 1/5 der durch streitige Endurteile beendeten erstinstanzlichen Prozesse weniger als drei Monate, ein gutes Viertel drei bis sechs Monate und etwas mehr als die Hälfte mehr als sechs Monate[23]. Vergleicht man die Dauer der Prozesse erster Instanz vor den ordentlichen Gerichten mit der Dauer eininstanzlicher Schiedsverfahren, so zeigt sich also, daß sich keineswegs ein Pauschalurteil darüber fällen läßt, ob die Verfahren vor den ordentlichen oder vor den Schiedsgerichten kürzer sind. Es kommt vielmehr auf das angerufene Schiedsgericht und den konkreten Streitstoff an. Allgemein läßt sich allerdings sagen, daß es vor allem institutionelle disponible Schiedsgerichte sind, bei denen die Verfahren durchschnittlich wesentlich schneller abgewickelt werden als die entsprechenden Prozesse voraussichtlich vor den ordentlichen Gerichten gedauert hätten. Weiterhin läßt sich generell feststellen, daß es besonders isolierte Schiedsgerichte sind, bei denen die eininstanzlichen Schiedsverfahren häufig genau so lang, ja sogar länger dauern, als die entsprechenden Verfahren vermutlich in einer Instanz vor den ordentlichen Gerichten gedauert hätten.

Wo die Verfahren schnell abgewickelt werden, hat das, da eine feste Zusammensetzung des ganzen Schiedsgerichts auch bei institutionellen Schiedsgerichten selten ist[24], einen wichtigen Grund in einer raschen, meist durch relativ kurze Fristen für die Schiedsrichterernennung[25] gesicherten Bildung des Schiedsgerichts. Für spezielle Materien häufig durch entsprechende Bestimmungen — nur Ernennung von Mitgliedern des speziellen Verbandes, ausdrücklich nur Ernennung von Fachleuten, Listenwahlsystem — sichergestellt[26], werden hier darüber hinaus zumindest als Beisitzer Fachleute für diese Materien ernannt, die das Hinzuziehen von Sachverständigen und das Abwarten ihrer Gutachten überflüssig machen. Im Rahmen der grundsätzlich beträchtlichen Freiheit — teilweise bei ausdrücklicher Verpflichtung zu höchstmöglicher Beschleunigung[27] —, die Gesetz und Schiedsklauseln bzw. Schiedsgerichtsordnungen den Schiedsrichtern bei der Abwicklung der Verfahren einräumen, liegt es aber nicht zuletzt an den Schiedsrichtern[28], vor allem an den oft gerade unter Berücksichtigung dieses Gesichtspunktes ernannten Schiedsgerichtsvorsitzenden, wenn Schiedsverfahren schnell beendet werden. Darauf komme ich, wenn der Einfluß

[23] Vgl. Tabellen 6 und 7.
[24] Vgl. § 14 und Tabelle 3.
[25] Vgl. § 15, 3.
[26] Vgl. oben § 14, Tabelle 3; Tabelle 3, Erl. zu IV Sp. 4.
[27] Vgl. oben § 7 und § 15, 3.
[28] Vgl. *Grimm-Rochlitz*, S. 15 Anm. 8.

der Persönlichkeit der Schiedsrichter auf die Schiedsgerichtsbarkeit untersucht wird, zurück. Wo die Schiedsverfahren lange dauern, geht umgekehrt häufig schon viel Zeit verloren, bis das Schiedsgericht gebildet ist. Oft ist es schon schwer, geeignete und mit der Materie vertraute Persönlichkeiten, wie man sie ja gerade für das Schiedsverfahren wünscht, zu finden, die dazu auch bereit sind, das Schiedsrichteramt zu übernehmen. Ist das Schiedsgericht dann gebildet, dauert es oft immer noch lang, bis es an einem allen Beteiligten passenden Termin zusammentreten kann. Denn oft sind die — meist drei[29] — Schiedsrichter bereits übermäßig beschäftigte Persönlichkeiten, vor allem aus der Wirtschaft, für die das kurzfristige Ansetzen einer Schiedsgerichtsverhandlung, die dann häufig einen halben oder sogar ganzen Tag dauert, unmöglich ist[30]. Darüber hinaus ist die Schiedsgerichtsverhandlung für die Schiedsrichter dann häufig noch mit der Notwendigkeit des ebenfalls Zeit kostenden Reisens verbunden. Muß ein ordentliches Gericht zur Vornahme richterlicher Handlungen in das Verfahren eingeschaltet werden, so führt das meist zu ganz beträchtlichen Verzögerungen. Allerdings ist eine solche Entscheidung in der Praxis sehr selten[31]. Schließlich ist allerdings auch die komplizierte Art des Stoffes, etwa bei großen Baustreitigkeiten oder bei manchen gesellschaftlichen Auseinandersetzungen, eine wichtige Ursache für eine beträchtliche Dauer der Schiedsverfahren, und insoweit wäre auch bei einer Behandlung der Rechtsstreitigkeiten vor den ordentlichen Gerichten mindestens mit einer entsprechenden Länge der Prozesse in der ersten Instanz zu rechnen[32].

Ein pauschales Urteil, daß Schiedsverfahren kürzer und meist sogar wesentlich kürzer als die Prozesse vor den orentlichen Gerichten dauern, läßt sich allerdings fällen, wenn man nicht, wie in den vorhergehenden Erörterungen geschehen, die Dauer der Schiedsverfahren mit der Dauer der Prozesse vor den ordentlichen Gerichten in der ersten Instanz vergleicht, sondern davon ausgeht, daß Schiedsverfahren auf eine Instanz beschränkt sind, Prozesse vor den ordentlichen Gerichten aber durch zwei oder drei Instanzen geführt werden können und dann häufig drei, vier oder fünf Jahre dauern[33]. Vor allem unter diesem

---

[29] Vgl. oben § 6; § 14; Tabelle 3; Erl. zu Tab. 8.

[30] Vgl. hierzu auch *Grimm-Rochlitz*, S. 15 Anm. 9.

[31] Vgl. Tabellen 6—7 und Anm. 2 zu diesen Tabellen.

[32] Vgl. *Bindhardt*, S. 459: „Daß sich Bauprozesse so zäh fortschleppen, liegt nicht etwa an unseren Gerichten... Die Ursache liegt in der Materie."

[33] Eine solche Dauer ist, abgesehen von dem bereits oben allgemein Ausgeführten, vgl. § 21, besonders im Rahmen von Gesellschaftsverhältnissen untragbar.

Gesichtspunkt wird in der Literatur wie in der Praxis[34] häufig der Vorteil einer schnelleren Beendigung von Streitigkeiten vor den Schiedsgerichten gegenüber der Erledigung von Streitigkeiten vor den ordentlichen Gerichten gesehen. Nun sind zwar bei nicht von wirtschaftlichen Interessenverbänden getragenen Schiedsgerichten Rechtsbehelfe nur ganz ausnahmsweise vorgesehen[35], nach den Schiedsgerichtsordnungen der Interessenverbände sind aber immerhin öfters Rechtsbehelfe eingeräumt[36]. Auch hier kann jedoch noch von einer kürzeren Dauer der Schiedsverfahren ausgegangen werden, weil der Rechtsmittelzug dann regelmäßig auf eine einzige weitere Instanz beschränkt ist, außerdem noch die Fristen zur Einlegung der Rechtsmittel mit meist zwei Wochen kürzer als bei den ordentlichen Gerichten gehalten sind. Auf der anderen Seite enden aber, unabhängig vom möglichen Rechtsmittelzug, tatsächlich auch die meisten Verfahren vor den ordentlichen Gerichten mit der ersten Instanz. Damit gilt für sie das oben im Vergleich zur Dauer von execution eininstanzlichen Schiedsverfahren Ausgeführte. Wenn man aber einmal von den Fällen, da auch im Schiedsverfahren ein Rechtsbehelf gegeben ist, absieht, so ergibt sich wesentlich, daß die Parteien, wenn sie sich an die ordentlichen Gerichte wenden, nicht auch nur mit einiger Sicherheit mit der Beschränkung auf die eine Instanz und folglich mit einem entsprechend kurzen Zeitraum bis zur endgültigen Streitentscheidung im konkreten Fall rechnen können. Dagegen können sie bei Schiedsverfahren mit einem, wenn auch je nach Schiedsgericht und Streitstoff verschieden langen, so doch im konkreten Fall einigermaßen bestimmten und dank der Beschränkung auf eine Instanz jedenfalls wesentlich kürzeren Zeitraum bis zur endgültigen Beendigung des Rechtsstreits fest kalkulieren. Die Realisierung der bei jedem Schiedsverfahren bestehenden Möglichkeiten der Verlängerung durch Schiedsrichterablehnungen, durch von ordentlichen Gerichten vorzunehmende richterliche Handlungen, durch Aufhebungs- oder Vollstreckungsverfahren, die dann auch noch jeweils durch zwei oder drei Instanzen geführt werden können, sind derart selten[37], daß sie von den Geschäftsleuten zu Recht meist vernachlässigt werden. Nur ganz vereinzelt wurde auch unter diesem Aspekt der eventuelle Vorteil der schnelleren Entscheidung in Schiedsverfahren in Frage gestellt. Diese Sicherung der Geschäftsleute, dank einer

---

[34] Vgl. z. B. *Baumbach-Schwab*, Kap. 1 III c S. 50; *Gerland*, S. 4 (für die Bauindustrie); *Grimm-Rochlitz*, S. 15 Anm. 8; *Lent-Jauernig*, S. 262; *Thomas*, Vorwort, S. V; Bericht der Kommission z. Vorbereitung einer Reform der Zivilgerichtsbarkeit, S. 183, und über die privaten Auskünfte hinaus die Schiedsgerichtsordnung für das Bauwesen, Vorwort, S. 3.

[35] Vgl. oben § 7.

[36] Vgl. § 15, 9.

[37] Vgl. Tabellen 6 und 7.

Schiedsklausel für den Fall, daß es zu ernsten Rechtsstreitigkeiten kommt, mit deren relativ schneller Beendigung durch das Schiedsgericht rechnen und dementsprechend bei der Gestaltung der Geschäfte insgesamt fest kalkulieren zu können, macht auch einen guten Teil der tatsächlichen Bedeutung jener Schiedsklauseln aus, auf Grund derer es zu gar keinem Schiedsverfahren kommt, die also scheinbar bloß auf dem Papier stehen.

Freilich wird dieser Vorteil der Schiedsgerichtsbarkeit, die tatsächliche wie mögliche Dauer von Rechtsstreitigkeiten durch die Beschränkung auf eine Instanz stark abzukürzen, insoweit eben durch den Verzicht auf Rechtsmittel erkauft, also durch einen unverkennbaren Nachteil im Hinblick auf das Finden einer interessengerechten Entscheidung. Dabei ist zu bedenken, daß dieser Nachteil nicht nur im Verhältnis zu jenen Fällen in der ordentlichen Gerichtsbarkeit besteht, in denen der Instanzenzug ausgeschöpft wird, sondern allgemein. Denn das bloße Vorhandensein eines Instanzenzuges veranlaßt einmal die Instanzrichter, möglichst rechtsmittelfeste Urteile zu fällen und entsprechend sorgfältig zu verfahren, zu urteilen und die Urteile zu begründen. Zum anderen erscheint es eben deswegen den Parteien, wenn sie sich ungerechtfertigt unterlegen glauben, eher möglich, daß trotzdem eine richtige Entscheidung gefällt wurde. Mit anderen Worten, das bloße Vorhandensein eines Instanzenzuges flößt den Parteien ein verstärktes Vertrauen in das Gericht ein. Der im Verzicht auf Rechtsmittel liegende Nachteil der Schiedsgerichtsbarkeit wurde auch von den Befragten aus der Wirtschaft häufig betont, wird also auch hier durchaus gesehen. Wo man trotzdem Schiedsklauseln vereinbart, wird dieser Nachteil als nicht so schwerwiegend bewertet wie gerade der Vorteil, durch den Verzicht auf die Rechtsmittel eine wesentlich schnellere Beendigung des Rechtsstreits zu erreichen und damit auch rechnen zu können.

B. Der Kostenfaktor

§ 22: Neben der Zeit sind die Kosten ein hervorragender wirtschaftlicher Faktor. Auch unter dem Kostengesichtspunkt wird die Schiedsgerichtsbarkeit in der Literatur[1] immer wieder als von Vorteil gegenüber der ordentlichen Gerichtsbarkeit bezeichnet. In der Praxis dagegen begegnete ich in dieser Hinsicht auch einer ganzen Reihe skeptischer Stimmen, denen zufolge das Schiedsverfahren sogar häufig teurer ist als das Verfahren vor den ordentlichen Gerichten. So sicher es ist, daß auf eine Instanz beschränkte Schiedsverfahren kürzer kalkuliert werden können und auch kürzer sind als durch zwei oder drei Instanzen durchführbare bzw. durchgeführte entsprechende Verfahren vor den ordentlichen Gerichten, so klar ist, daß in dieser Relation auch die auf eine Instanz beschränkten Verfahren vor den Schiedsgerichten regelmäßig billiger sind, bzw. das Kostenrisiko bei ihnen kleiner ist. So wird vereinzelt auch in der Literatur[2] wie in der Praxis[3] speziell unter diesem Gesichtspunkt betont, Schiedsverfahren seien billiger als Prozesse vor den ordentlichen Gerichten. Aber sieht man auch auf der einen Seite wiederum von den relativ wenigen Fällen ab, da in der Schiedsgerichtsbarkeit ebenfalls Rechtsmittel gewährt werden, so bleibt doch auf der anderen Seite hier auch wieder zu berücksichtigen, daß ja auch die meisten Verfahren vor den ordentlichen Gerichten nach einer Instanz enden. Dazu kommt, daß allein unter dem Kostengesichtspunkt das mit dem Instanzenzug verbundene Kostenrisiko vom Standpunkt der die Kosten schließlich tragenden Parteien aus auf keinen Fall höher eingeschätzt werden kann als das durch den Instanzenverzicht verstärkte Risiko einer unrichtigen Entscheidung. Denn in all den Fällen seiner Verwirklichung kann dieses Risiko zu einer weit größeren materiellen Belastung des zu Unrecht Unterlegenen führen als das Risiko der zusätzlichen Kostenbelastung für ein Rechtsmittel, dessen Einlegung auf der anderen Seite die Chance einer richtigen, d. h. hier einer dem zunächst Unterlegenen und das Rechtsmittel Einlegenden günstigen Entscheidung wesentlich erhöht.

Wie sieht es aber nun auch nach dem im ersten Teil über die Kosten von Schiedsverfahren Ausgeführten mit dem Kostenrisiko der Parteien

---

[1] Vgl. § 1 mit Anm. 4.

[2] *Baumbach-Schwab*, Kap. 50 III d S. 51; *Grimm-Rochlitz*, S. 15 Anm. 7.

[3] Vgl. im Vorwort der SchGO für das Bauwesen, S. 3.

aus, wenn sie für zukünftige Rechtsstreitigkeiten bzw. in Fällen, da der Ausgang eines konkreten Rechtsstreits wirklich fraglich ist, vor der Wahl zwischen Schiedsgericht und ordentlichem Gericht stehen und man den auch bei den ordentlichen Gerichten ganz überwiegenden Fall der Beendigung eines Rechtsstreits in nur einer Instanz zugrunde legt? Nur wenn man das tut, kommt man hinsichtlich Aufwand und Wirkung wenigstens zu einer annähernd zutreffenden Kostenrelation zwischen ordentlichem Gericht und Schiedsgericht.

Für die Streitwerte von 1000,— DM, 10.000,— DM und 100.000,— DM ergeben sich gemäß § 25 GKG i. V. m. der als Anlage zu § 10 Abs. 2 GKG diesem Gesetz beigefügten Tabelle über die „volle Gebühr" Gerichtsgebühren von 108,— DM, 489,— DM und 2139,— DM für ein mit Beweisaufnahme bis zum Urteil voll durchgeführtes Verfahren. Vergleicht man diese Gebühren der ordentlichen Gerichte mit den Schiedsrichtervergütungen und Schiedsgerichtsgebühren für dieselben Streitwerte und für mit drei Schiedsrichtern besetzte Schiedsgerichte sowie voll bis zum Schiedsspruch durchgeführte Schiedsverfahren[4], so zeigt sich folgendes. Im Verhältnis zu den nur bei institutionellen Schiedsgerichten vorkommenden Schiedsgerichtsordnungen und Gebührenordnungen, nach denen ausdrücklich Schiedsgerichtsgebühren erhoben werden[5], liegen die Gebühren bei den ordentlichen Gerichten überwiegend niedriger. Vereinzelt ist die Differenz beträchtlich. Es ist also nicht richtig, wenn Haag[6] ausführt: „Schiedsgerichte mit höheren Gebührensätzen als die ordentlichen Gerichte sind immer die Ausnahme." Liegen die ausdrücklich als solche erhobenen Schiedsgerichtsgebühren unter den Gebühren der ordentlichen Gerichte, dann ist der Unterschied allerdings teilweise auch beträchtlich. Wo direkt Schiedsrichtervergütungen erhoben werden[7], da sind diese höchst selten niedrider als dic entsprechenden Gebühren der ordentlichen Gerichte. Das gilt selbst dann, wenn die Beisitzer ehrenamtlich tätig sind, in welchen Fällen diesen dann außerdem auch wenigstens die gleich noch beson-

[4] Vgl. § 7 a. E., § 14 a. E.; § 17; Tabellen 4 und 5. Beim Vergleich für Streitigkeiten mit Streitwerten von 1000,— DM ist zwar zu berücksichtigen, daß auch bei der Berechnung der Schiedsgerichtsgebühren bzw. der Schiedsrichtervergütungen für diesen Streitwert von einer Besetzung des Schiedsgerichts mit drei Schiedsrichtern ausgegangen wurde, während als ordentliches Gericht für diesen Streitwert noch das nur mit einem Richter besetzte Amtsgericht zuständig ist. Einerseits entspricht die Besetzung des Schiedsgerichts mit drei Schiedsrichtern jedoch auch für Streitwerte in der Größenordnung von 1000,— DM der vorherrschenden Übung und andererseits handelt es sich bei den meisten den Schiedsgerichten in der Wirtschaft unterbreiteten Streitigkeiten um solche mit höheren Streitwerten.

[5] Vgl. Tabelle 5.

[6] a.a.O., S. 100.

[7] Vgl. § 7 a. E.; Tabelle 4.

ders zu erörternden Auslagen zu erstatten sind. Nicht selten aber betragen in den Fällen, wo direkt Schiedsrichtervergütungen erhoben werden, die den Schiedsrichtern zu zahlenden Vergütungen ein Vielfaches der Gebühr der ordentlichen Gerichte. Das gilt ganz besonders für die isolierten Schiedsgerichte, wo die üblichen Vergütungen der Schiedsrichter regelmäßig ganz erheblich über den Gebühren der ordentlichen Gerichte liegen.

Das Bild verschiebt sich noch mehr zuungunsten der Schiedsgerichtsbarkeit, wenn man in den Vergleich die auch im Schiedsgerichtswesen von den Parteien meist besonders zu ersetzenden Auslagen der Gerichte einbezieht. Denn sie sind bei den Schiedsgerichten häufig deshalb wesentlich höher als bei den ordentlichen Gerichten[8], weil oft wenigstens für einen Teil der Schiedsrichter der Verhandlungstermin des Schiedsgerichts die Notwendigkeit von Reisen bedeutet. Die Reisekosten aber sind als Auslagen des Schiedsgerichts auch von den Parteien zu tragen. Deswegen kann ein Schiedsverfahren selbst dann teurer werden als ein Verfahren vor den ordentlichen Gerichten, wenn alle Schiedsrichter ehrenamtlich tätig sind. Zutreffend empfiehlt daher Dietz[9] den Verbandsführungen — vor allem bei Verbandsschiedsgerichten sind wenigstens die Beisitzer häufiger ehrenamtlich tätig[10] —, die Parteien auf diesen Umstand besonders hinzuweisen. Da dort, wo es auf Fachkenntnisse ankommt, im Rahmen von Schiedsgerichtsverfahren wenigstens die Beisitzer meist Sachverständige sind, werden in diesen Fällen allerdings die im Verfahren vor den ordentlichen Gerichten dann jeweils noch gesondert fällig werdenden Kosten für Sachverständigengutachten gespart.

Die Verteilung der Schiedsgerichtskosten erfolgt in der Praxis grundsätzlich wie beim ordentlichen Gericht nach dem Veranlassungsprinzip, d. h. danach, ob den Schiedsrichtern insoweit ihr Ermessen[11] belassen wurde, wie es häufig der Fall ist[12], oder ob ausdrücklich der Unterlegene die Kosten zu tragen hat, wie es auch nicht selten bestimmt wird[13]. Dagegen kommt, wo man sich mit der Pflicht, die außergerichtlichen Kosten zu tragen, in den Schiedsklauseln bzw. Schiedsgerichtsordnungen überhaupt befaßt, relativ häufig die ausdrückliche Regelung vor, wonach diese Kosten, also insbesondere die der Prozeßvertretung,

---

8 Bei ihrer Inanspruchnahme folgt die Pflicht zum Auslagenersatz aus den §§ 91 ff. GKG.

9 a.a.O., S. 14.

10 Vgl. Tab. 4.

11 Nach h. M. steht es ihnen auch insoweit zu, vgl. *Baumbach-Schwab*, Kap. 35 A S. 282 und Kap. 35 B V S. 285 mit Nachweisen.

12 Vgl. oben § 17.

13 Vgl. oben § 17.

jede Partei selbst zu tragen hat, unabhängig vom Ausgang des Verfahrens[14]. Genau so kann das Schiedsgericht nicht nur, wo ihm ausdrücklich insoweit auch ein Ermessen eingeräumt ist, sondern auch, wo jede Bestimmung in Schiedsklausel oder Schiedsgerichtsordnung insoweit fehlt, entscheiden. Schließlich hat jede Partei mangels anderweitiger Vereinbarung grundsätzlich ihre außergerichtlichen Kosten auch dann selbst zu tragen, wenn das Schiedsgericht keine Entscheidung über die Verteilung dieser Kosten fällt[15]. Diese Lage, die sich in anderen Ländern, z. B. in Frankreich[16], grundsätzlich auch für die Verfahren vor den staatlichen Gerichten findet, verteuert für die obsiegende Partei im Vergleich zu den Verfahren vor den deutschen ordentlichen Gerichten, wo nach § 91 Abs. 2 ZPO die unterliegende Partei auch die außergerichtlichen Kosten des Gegners zu tragen hat, die Rechtsverfolgung vor den entsprechenden Schiedsgerichten beträchtlich, wenn sie sich eines Rechtsanwaltes bedient. Allerdings kann man auf eine Vertretung durch Rechtsanwälte verzichten[17], womit indirekt erreicht ist, was vorzuschreiben § 1034 Abs. 1 Satz 2 ZPO untersagt, nämlich Rechtsanwälte von der Prozeßvertretung vor den Schiedsgerichten auszuschließen. Mathies[18] meint, derartige Regelungen, wonach jede Partei ihre außergerichtlichen Kosten unabhängig vom Ausgang des Verfahrens zu tragen hat, beruhen „auf der berechtigten Auffassung, daß der Kaufmann vor einem kaufmännischen Schiedsgericht keiner Vertretung durch einen Juristen bedürfe". Dementsprechend fand ich auch nirgends einen Vertretungszwang postuliert, hörte vielmehr verschiedentlich von den Befragten aus Unternehmen wie Verbänden kritische Äußerungen über die Rechtsanwälte als Prozeßvertreter, bei denen oft ein „zu großer Hang zum Prozessieren" bestehe[19]. Als Schiedsrichter, besonders als Schiedsgerichtsvorsitzende, werden Rechtsanwälte dagegen zwar sehr oft bestellt[20]. Jedoch ernennt man dann möglichst Anwälte, die einen Einblick in die Wirtschaft und ein gutes Verständnis für wirtschaftliche Probleme haben. Derartige Anwälte aber werden auch nicht selten als Prozeßvertreter bei Schiedsverfahren in der Wirtschaft hinzugezogen.

---

14 Vgl. oben § 17.

15 OLG Zweibrücken, HRR 1936, Nr. 1251; *Baumbach-Schwab*, Kap. 35 B V S. 385 und Kap. 35 E S. 286.

16 Juris-Classeur, Art. 130 Anm. 49.

17 In der Literatur wird der fehlende Anwaltszwang verschiedentlich als kostensparender Vorteil der Schiedsgerichtsbarkeit gewertet, vgl. z. B. *Guldener*, S. 223 a; von der Praxis hörte ich dieses Argument nie.

18 Die ständigen Schiedsgerichte, S. 89.

19 Vgl. oben § 15, 4.

20 Vgl. oben § 6 und § 14.

Für den Kostenfaktor läßt sich zusammenfassend feststellen, daß das Kostenrisiko bei den Schiedsgerichten im Hinblick auf die überwiegende Beschränkung der Schiedsverfahren auf bloß eine Instanz nur scheinbar, nämlich bei isolierter Betrachtung der Gerichtskosten unter Außerachtlassung des durch die Beschränkung auf eine Instanz vergrößerten materiellen Risikos einer unrichtigen Entscheidung, günstiger als bei den ordentlichen Gerichten ist. Im übrigen aber ist der Kostenfaktor für das auch für die Prozesse vor den ordentlichen Gerichten den Normalfall darstellende eininstanzliche Verfahren bei den Schiedsgerichten fast durchweg — oft, besonders bei den isolierten Schiedsgerichten, ganz erheblich — ungünstiger als bei den ordentlichen Gerichten. Es gibt also keinen in der Kostenersparnis liegenden generellen Vorteil des Schiedsgerichtswesens gegenüber der ordentlichen Gerichtsbarkeit. Dementsprechend ist der Kostenfaktor allenfalls ausnahmsweise auch ursächlich für eine Hinwendung zur Schiedsgerichtsbarkeit. Insgesamt muß er vielmehr als mitursächlich für die geringe Zahl von Schiedsverfahren, zu denen es im Untersuchungszeitraum in der Wirtschaft kam, angesehen werden[21].

---

[21] Bemerkenswert im Hinblick auf die häufig erheblichen Kosten der Schiedsverfahren und der dabei oft zu zahlenden Vorschüsse, vgl. oben § 17, ist die Entscheidung des BGH in NJW 1964, S. 1129 (1130), wonach ein Schiedsvertrag aus wichtigem Grund gekündigt werden kann, wenn er undurchführbar ist, insbesondere weil die Parteien nicht mehr die erforderlichen Kostenvorschüsse aufbringen können. Das kann also z. B. bei Streitigkeiten, an denen kleine Unternehmen, vor allem als Kläger, beteiligt sind, zur Beendigung der Zuständigkeit des Schiedsgerichts aus Kostengründen führen.

C. Der Ausschluß der Öffentlichkeit

§ 23: In der Literatur wird der Ausschluß der Öffentlichkeit von den Schiedsverfahren selten als Vorteil der Schiedsgerichtsbarkeit genannt[1]. Von den befragten Praktikern aus den Unternehmen wie aus den wirtschaftlichen Interessenverbänden wurde er dagegen immer wieder als Vorteil des Schiedsgerichtswesens angeführt, manches Mal als der entscheidende Grund, die Schiedsgerichtsbarkeit der ordentlichen Gerichtsbarkeit vorzuziehen. Der Ausschluß der Öffentlichkeit von den Schiedsverfahren gilt nicht nur dann, wenn er, wie es ab und zu geschieht[2], ausdrücklich in der Schiedsklausel bzw. Schiedsgerichtsordnung festgestellt wird, sondern, wie oben bereits ausgeführt[3], allgemein für jedes Schiedsverfahren. Wie die Fragen der Zeit und der Kosten spielt im Rahmen der wirtschaftlichen Betrachtungsweise das Problem der Publizität, d. h. der Information der Öffentlichkeit über die Lage der Unternehmen und ihre wirtschaftliche Tätigkeit[4], eine wichtige Rolle, und zwar im Hinblick auf das hier anstehende Thema derart, daß man in der Wirtschaft das Bekanntwerden und die Erörterung von Rechtsstreitigkeiten in der Öffentlichkeit weitgehend zu meiden sucht. Diese Einstellung bezüglich der Behandlung von Rechtsstreitigkeiten ist nicht nur Ausdruck einer entsprechenden Mentalität i. S. einer demgemäßen unmittelbaren, wenig reflektierten Verbindung von Wertung mit Realitätswahrnehmung und -erinnerung in der Wirtschaft[5], sondern beruht teilweise auch auf ganz konkreten Bedürfnissen der Wirtschaft, die aus dem Wettbewerbsverhältnis, in dem sie steht, resultieren. Das gilt z. B. hinsichtlich technischer Geheimnisse, Fragen der Kalkulation und solchen des tatsächlichen Gewinns. Derartige Fragen aber bedürfen häufig der Erörterung, wenn über Rechtsstreitigkeiten in der Wirtschaft geurteilt werden soll. Im ordentlichen Verfahren jedoch kommt es dann auf Grund des § 172 GVG nur höchst selten wegen Gefährdung eines wichtigen Geschäfts-

---

[1] Z. B. von *Blomeyer,* K., S. 54; *Guldener,* S. 222 a; *Haak,* S. 27, 103; *Köppel,* S. 381.

[2] Vgl. § 15, 5.

[3] Vgl. § 15, 5.

[4] Dr. Gablers Wirtschaftslexikon, Bd. 2, Stichwort „Publizität", Sp. 741.

[5] Vgl. *Rüschemeyer,* Stichwort „Mentalität und Ideologie", im Fischer-Lexikon „Soziologie", S. 180.

oder Betriebsgeheimnisses zum Ausschluß der Öffentlichkeit. Im Schiedsverfahren ist dieses Problem durch den generellen Ausschluß der Öffentlichkeit klar gelöst. Darin liegt eine entscheidende Ursache für die große Bedeutung, die die Schiedsgerichtsbarkeit im Rahmen von Lizenzverträgen[6] und Know-how-Abkommen, im Rahmen von Kaufverträgen über Unternelmen oder über Geschäftsanteile, von Regelungen der Folgen von Erbauseinandersetzungen oder von Scheidungen für Unternehmen sowie[7] im Rahmen von Innenverhältnissen von Unternehmen wie allgemein innerhalb von Gesellschaftsverhältnissen hat[8].

Bei Gesellschaften werden durch rechtliche Auseinandersetzungen der Gesellschafter häufig die gesamten grundlegenden Geschäftsinterna berührt, auf deren Geheimhaltung vor allem aus Wettbewerbsgründen ganz besonderer Wert gelegt wird. Jeder bekannt werdende Rechtsstreit im Innenverhältnis eines Unternehmens birgt darüber hinaus die unter Umständen beträchtliche Gefahr negativer Auswirkungen auf dessen Außenbeziehungen in sich, etwa im Hinblick auf die Kreditwürdigkeit des Unternehmens. Des weiteren spielt bei den personalistisch strukturierten Unternehmensgesellschaften, z. B. den Familiengesellschaften, das Vertrauensverhältnis unter den Gesellschaftern eine hervorragende Rolle. Die Durchführung eines Prozesses vor den ordentlichen Gerichten aber wird wegen der damit verbundenen Zulassung der Öffentlichkeit als eine weit größere Belastung des Vertrauensverhältnisses der Gesellschafter angesehen als ein Schiedsverfahren, von dem die Öffentlichkeit ausgeschaltet bleibt. Nicht zuletzt, weil überhaupt bei allen Dauerverträgen das Vertrauenverhältnis der Vertragspartner eine gewisse Rolle spielt, finden sich z. B. allgemein in Rahmenverträgen und in Miet- und Pachtverträgen in der Wirtschaft häufiger Schiedsklauseln[9]. Bei derartigen Verträgen und besonders bei Gesellschaftsverträgen ist darüber hinaus für den Abschluß von Schiedsvereinbarungen von spezieller Bedeutung, daß einem Schiedsgericht in weit größerem Umfang als einem staatlichen Gericht auch rechtsgestaltende Entscheidungen übertragen werden können[10].

---

[6] Für sie gilt die Beschränkung des § 91 GWB, auf die ich im übrigen später zurückkomme, nicht, da § 20 GWB in § 91 GWB nicht aufgeführt ist; vgl. BGH, LM Nr. 21 zu § 1025 ZPO a. E.

[7] Vgl. hierzu *Sudhoff*, Der Gesellschaftsvertrag der Personengesellschaften, S. 300.

[8] Vgl. oben § 3.

[9] Vgl. oben § 3.

[10] RG 147, S. 22 (25 f.); BGH, NJW 1959, S. 1493 (1494); *Berges*, KTS 1959, S. 95; *Kessler*, S. 15, S. 58 ff. (insbes. S. 60, 62 f., 76 ff.); *Stein-Jonas-Schönke-Pohle*, § 1025 Anm. II 1 a.

Gerichtliche Auseinandersetzungen gefährden den Ruf beider beteiligter Unternehmen häufig auch bei Streitigkeiten untereinander, und zwar sowohl gegenüber dem Lieferantenkreis als auch gegenüber dem Kundnkreis. Durch den Ausschluß der Öffentlichkeit von Schiedsverfahren kann diese Gefahr, wenn auch nicht notwendig beseitigt, so doch oft wesentlich eingeschränkt werden.

Bei den Wirtschaftsverbänden fördert gerade der Ausschluß der Öffentlichkeit von Schiedsverfahren die im übrigen später zu erörternde Möglichkeit, mit Hilfe der Schiedsgerichtsbarkeit vor allem in Wettbewerbsstreitigkeiten eventuell ein eigenes Verbandsrecht durchzusetzen. Die „Einschränkung der Zügellosigkeit des Wettbewerbs", wie bei einem Wirtschaftsverband das Ziel der Verbandsschiedsgerichtsbarkeit beschrieben, bei anderen häufiger dem Sinn nach gleicherweise bezeichnet wurde, kollidiert jetzt sehr schnell mit dem Gesetz gegen Wettbewerbsbeschränkungen, weshalb ein Ausschluß jeder Öffentlichkeit bei der Behandlung derartiger Fragen und daraus resultierender Streitigkeiten besonders bedeutsam ist. Für die Kartelle hat der Ausschluß der Öffentlichkeit von Schiedsverfahren heute besonders den Vorteil, die Allgemeinheit, in der weite Kreise wenig Verständnis für die Kartelle aufbringen, bei Rechtsstreitigkeiten unter Kartellmitgliedern oder zwischen Kartellmitgliedern und dem Kartell möglichst wenig auf das Vorhandensein konkreter Kartelle aufmerksam zu machen.

D. Die Schiedsrichter

Von besonderer Bedeutung für die Verwirklichung der wirtschaftlichen Betrachtungsweise bei der Dritten anvertrauten Beendigung von Rechtsstreitigkeiten ist die Persönlichkeit dieser Dritten. Für die Schiedsgerichtsbarkeit in der Wirtschaft gilt das verstärkt. Den hier zur Beendigung der Rechtsstreitigkeiten Berufenen, d. h. den Schiedsrichtern, wird durch die Schiedsklauseln bzw. Schiedsgerichtsordnungen für die Lösung als solche öfters ausdrücklich ein mehr oder weniger großes Ermessen eingeräumt[1]. Auf Grund der von den Schiedsrichtern erwarteten wirtschaftlichen Betrachtungsweise geschieht dies aber vor allem stillschweigend. Schließlich steht den Schiedsrichtern immer für das Schiedsverfahren ein meist beträchtliches Ermessen nach Gesetz (§ 1034 ZPO) und Schiedsklauseln bzw. Schiedsgerichtsordnungen zu[2]. Die Frage ist daher, inwieweit die Schiedsrichter die wesentlich wirtschaftliche Betrachtungsweise bei der Beendigung von Rechtsstreitigkeiten allgemein verwirklichen und man sich in der Wirtschaft deshalb der Schiedsgerichtsbarkeit zuwendet.

I. Das Vertrauen der Parteien in die Schiedsrichter und die besondere Bedeutung des Schiedsgerichtsvorsitzenden

§ 24: Immer wieder wird das besondere Vertrauen, das die streitenden Parteien den Schiedsrichtern entgegenbringen, als Vorteil des Schiedsgerichtswesens hervorgehoben, und zwar in der Literatur[3], wie von der Praxis. In der Literatur wird dieses Vertrauen allerdings meist damit begründet, daß die Parteien die Schiedsrichter selbst bestimmen und damit Männer ihres persönlichen Vertrauens ernennen könnten. Diese Begründung hörte ich von den aus der Praxis der Wirtschaft befragten nie. Nach dem im ersten Teil über die Bildung der Schiedsgerichte Dargelegten[4] ist sie jedenfalls für das Schiedsgerichtswesen in der Wirtschaft schon von der Voraussetzung her nur

---

[1] Vgl. oben § 7 und § 16 am Anfang.

[2] Vgl. oben § 7 und § 15 am Anfang.

[3] Vgl. die Zitate § 1 Anm. 4.

[4] Vgl., auch zu den folgenden Ausführungen, § 6 und § 14; Tab. 3.

sehr begrenzt stichhaltig. Tatsächlich werden bei den isolierten Schiedsgerichten die Beisitzer meist von den Parteien selbst bestimmt[5]. Für den Vorsitzenden des Schiedsgerichts dagegen ist das allenfalls indirekt der Fall, wenn die von den Parteien ernannten Beisitzer den Vorsitzenden zu bestimmen haben, also insoweit ähnlich wie Wahlmänner fungieren. Hier kann aber von einem Band persönlichen Vertrauens der Parteien zum Schiedsgerichtsvorsitzenden generell schon nicht mehr gesprochen werden.

Bei den isolierten Schiedsgerichten werden die Vorsitzenden oft von unabhängigen Dritten ernannt. Bei diesen Dritten handelt es sich meist um institutionalisierte Personen wie die Präsidenten der Industrie- und Handelskammer und der ordentlichen Gerichte. Hier fehlt also auch jede persönliche Beziehung zu dem Ernennenden, und es kann erst recht keine Rede mehr davon sein, daß die Parteien mit dem Schiedsrichter durch ein Band persönlichen Vertrauens verbunden wären. Bei den institutionellen Schiedsgerichten der Interessenverbände werden die Beisitzer zwar auch häufig von den Parteien ernannt[6]. Aber nicht selten sind die Parteien dabei auf die Mitglieder des betreffenden Interessenverbandes oder die Auswahl aus einer Liste beschränkt, das bedeutet häufig auf Angehörige der Konkurrenz. Unter ihnen solche zu finden, die das besondere persönliche Vertrauen genießen, wenn es um die Beendigung eines Rechtstreits im Rahmen des Geschäftsverkehrs geht, ist häufig schwer, oft unmöglich. Die gemeinsame Zugehörigkeit von Partei und Schiedsrichter zu einem Verband oder einem Berufsstand, wie sie Pohle[7] als Grund für ein besonderes Vertrauensverhältnis in Erwägung zieht, kommt als solche nur in Betracht, wo die Parteien verschiedenen Verbänden angehören, insbesondere also bei von mehreren Verbänden getragenen Schiedsgerichten. Eine auch nur indirekte Ernennung des Schiedsgerichtsvorsitzenden durch die Parteien über die von ihnen ernannten Beisitzer kommt bei den Schiedsgerichten der Interessenverbände nur noch in etwa jedem vierten Fall vor. In allen übrigen Fällen aber sind die Parteien bei den Interessenverbänden überhaupt nicht an der Ernennung des Schiedsgerichtsvorsitzenden und der Beisitzer beteiligt.

Insgesamt läßt sich daher bei den Interessenverbänden überwiegend eine Regelung der Schiedsrichterernennung feststellen, die ein Band

---

[5] So auch § 2 der Musterschiedsgerichtsordnung des Deutschen Ausschusses für Schiedsgerichtswesen und § 3 des Musterschiedsvertrages von *Baumbach-Schwab*, S. 331.

[6] Ebenso für die erste Instanz nach § 4 des Entwurfs einer Schiedsgerichtsordnung für ein institutionelles Schiedsgericht von *Schottelius*, Die kaufmännische Schiedsgerichtsbarkeit, S. 179.

[7] Rechtsvergleichendes Handwörterbuch, Stichwort „Schiedsvertrag", Bd. 6, S. 162.

persönlichen Vertrauens zwischen Parteien und Schiedsrichtern ausschließt oder zumindest sehr fraglich macht. Das gilt um so mehr und dann auch für die isolierten Schiedsgerichte, wenn man davon ausgeht, daß der Schiedsgerichtsvorsitzende praktisch nie von den Parteien ernannt wird, daß aber er gerade in jenen Fällen, da die Beisitzer von den Parteien ernannt werden, besonders ausgeprägt der entscheidende Mann des Schiedsgerichts ist. Das wird deutlich, wenn man sich klar macht, daß das in der Literatur behauptete persönliche Vertrauen der Parteien in die von ihnen selbst ernannten Schiedsrichter ja eben in dieser Ernennung gründen soll. Tut es das tatsächlich, dann ist dieses Vertrauen aber meist derart persönlich, daß es sich jeweils auf das Verhältnis einer Partei zu dem von ihr bestellten Schiedsrichter beschränkt, während andererseits die Gegenpartei diesem Schiedsrichter mit einem entsprechenden Mißtrauen begegnet. Denn das auf der Ernennung durch sie basierende persönliche Vertrauen der Parten in den von ihr bestimmten Schiedsrichter läuft darauf hinaus, daß „ihr" Schiedsrichter in ihrem Sinn entscheiden werde, wie sich der von einer Partei bestellte Schiedsrichter dann auch oft genug nicht als Richter über einen Interessenkonflikt zweier Parteien, sondern als Vertreter der Interessen der Partei, die ihn bestellt hat, versteht. Darüber hinaus kann ein von einer Partei bestellter Schiedsrichter auch weitgehend unbewußt von einer durch die Berufung ausgelösten Mentalität im oben[8] dargelegten Sinn her zugunsten des ihn Berufenden entscheiden[9]. Dieser beträchtliche Nachteil der Schiedsgerichtsbarkeit, daß die Schiedsrichter von den Parteien ernannt werden, wird allerdings von vielen Befragten aus der Praxis der Wirtschaft, und zwar nicht nur aus den Unternehmen, sowie in einem Teil der Literatur seit langem gesehen[10] . Das gilt gerade auch für ausgeprägte Befürworter der Schiedsgerichtsbarkeit. Die Befürwortung aber bezieht sich bei ihnen in erster Linie auf institutionelle Schiedsgerichte[11], weil bei diesen die Schiedsrichter eben nicht von den Parteien ernannt würden oder wenigstens das Listenwahlsystem bestünde. Nach dem Ausgeführten stimmt das jedoch in dieser Allgemeinheit nicht. Es charakterisiert vielmehr die Situation in der Praxis, wenn in 11 von 34 Schiedsklauseln bzw. Schiedsgerichtsordnungen von Interessenverbänden, nach denen die Beisitzer von den Parteien zu ernennen sind, die Schiedsrichter dann ausdrücklich auf ihre Stellung als objektive Richter und ihre Pflicht zu unabhängiger Entscheidung hingewiesen

---

[8] § 23.

[9] *Meyer-Cording,* S. 134 f.

[10] Vgl. oben § 1 Anm. 5.

[11] *Haak,* S. 20; *Nußbaum,* Die gesetzliche Neuordnung, S. 7 f., S. 43 ff.; *Mathies,* Die ständigen Schiedsgerichte, S. 9 f., 125; *Schönke-v. Staff,* S. 264.

werden[12], und der Geschäftsführer des Vereins deutscher Metallhändler, Dietz, ausführt[13]: „Es ist sehr anzuraten, den Parteien und ganz besonders auch den Schiedsrichtern in entsprechenden Anschreiben deutlich klar zu machen, daß die Schiedsrichter völlig objektiv zu entscheiden haben und keinesfalls die spezifischen Interessen der Parteien wahrnehmen; es könnte sonst vorkommen, daß Mitglieder sich befremdet zeigen, wenn der Schiedsrichter ihrer Wahl sie nicht ‚ordnungsgemäß' vertreten hat." Auf Grund des aufgezeigten Nachteils aber neutralisieren sich die von den Parteien ernannten Beisitzer häufig weitgehend, und als eigentlicher Richter bleibt in allen diesen Fällen und meist noch in erster und letzter Instanz nur der Schiedsgerichtsvorsitzende, wie es auch von den Befragten in einigen Unternehmen ausgesprochen kritisch festgestellt wurde[14]. Der Schiedsgerichtsvorsitzende aber ist der Schiedsrichter, der nicht von den Parteien bestimmt wird. Damit entfällt auch weitgehend für die Fälle, in denen die Beisitzer von den Parteien ernannt werden, diese Parteiernennung als Grund für ein besonderes Vertrauen der Parteien in die (eigentlichen) Schiedsrichter.

Hingegen ist dort, wo man sich in der Wirtschaft der Schiedsgerichtsbarkeit zuwendet, eine besonders wichtige, häufig die entscheidende Ursache, daß als Schiedsrichter — insofern ist es gleichgültig von wem — Personen, womöglich noch Branchenkundige oder Sachverständige, ernannt werden können und tatsächlich meist ernannt werden, die in dieser Funktion wesentlich die wirtschaftliche Betrachtungsweise verwirklichen, und insoweit dann ein besonderes Vertrauen der Parteien genießen. Das wurde von den Befragten sowohl in den Unternehmen als auch in den Interessenverbänden teilweise stark betont und wird vereinzelt auch in der Literatur festgestellt[15]. Man wählt Personen als Schiedsrichter, die mit wirtschaftlichen Problemen und Zusammenhängen vertraut sind und Verfahren wie Lösung entsprechend dem ihnen zustehenden Ermessen[16] in erster Linie an wirtschaftlichen Maßstäben zu orientieren vermögen und die vor allem dem Zeitfaktor bei der Beendigung der ihnen unterbreiteten Rechtsstreitigkeiten eine hervorragende Stellung einräumen und dem Gesichtspunkt der

---

[12] Vgl. Tab. 3. Einen entsprechenden Hinweis enthält auch § 3 der Musterschiedsgerichtsordnung des Deutschen Ausschusses für Schiedsgerichtswesen und § 3 des Entwurfs einer Schiedsgerichtsordnung für ein Verbandsschiedsgericht von *Schottelius*, Die kaufmännische Schiedsgerichtsbarkeit, S. 179.

[13] a.a.O., S. 13.

[14] Vgl. auch *Sudhoff*, Der Gesellschaftsvertrag der Personengesellschaften, S. 300 und ders., Der Gesellschaftsvertrag der GmbH, S. 430.

[15] *Berges*, KTS 1960, S. 99.

[16] Vgl. dazu vor § 21 und § 23 mit den Verweisungen.

schnellen Beendigung der Rechtsstreitigkeit manche andere Erwägung, deren Berücksichtigung Zeit kosten würde, unterordnen[17]. Dabei spielt der Schiedsgerichtsvorsitzende nicht nur dort, wo er praktisch allein der Richter ist, eine hervorragende Rolle. Unabhängig von allen Ernennungsmodalitäten hängt es immer entscheidend von ihm als dem das Verfahren leitenden Schiedsrichter ab, inwieweit die dem Schiedsgericht durch Gesetz und Schiedsklausel bzw. Schiedsgerichtsordnung eingeräumte, meist beträchtliche Freiheit bei der Gestaltung des Schiedsverfahrens zu einer der wirtschaftlichen Betrachtungsweise genügenden Beendigung des Rechtsstreits genutzt wird. Gleichzeitig liegt es wesentlich bei ihm, dafür zu sorgen, daß trotzdem nicht die vom Gesetz zwingend vorgeschriebenen Erfordernisse für das Verfahren und das Abfassen des Schiedsspruches vernachlässigt werden, damit der Schiedsspruch die Wirkung eines vollstreckbaren Titels entfalten kann.

II. Die Beteiligung von Juristen an Schiedsverfahren

§ 25: Im Zusammenhang mit der hervorragenden Bedeutung des Schiedsgerichtsvorsitzenden ist die Tatsache zu sehen, daß als solcher überwiegend ein Jurist bestimmt wird, und zwar regelmäßig auch dort, wo nach der Schiedsklausel bzw. Schiedsgerichtsordnung der Vorsitzende ein Jurist sein „soll“, nicht sein „muß“, und häufig auch da, wo überhaupt nicht vorgeschrieben ist, daß der Vorsitzende ein Jurist sein soll oder muß[1]. Um aber den Vorzug einer wesentlich wirtschaftlichen Betrachtungsweise der Rechtsstreitigkeiten durch das Schiedsgericht zu wahren, ernennt man möglichst Juristen zu Schiedsgerichtsvorsitzenden, die durch ihre sonstige Tätigkeit mit dieser Betrachtungsweise, möglicherweise auch noch von der speziellen Branche her, vertraut sind, vor allem Wirtschaftsanwälte und Vorsitzende von Kammern für Handelssachen[2]. Im Juristen als Schiedsgerichtsvorsitzenden sieht man nicht nur einen Garanten für eine möglichst objektive Entscheidung des Schiedsgerichts, sondern auch die Sicherung für ein den gesetzlichen Erfordernissen genügendes Schiedsverfahren und Abfassen des Schiedsspruches[3]. Deshalb kommt

---

[17] Vgl. dazu das bereits oben § 21 Ausgeführte.

[1] Vgl. § 6, § 14; Tabelle 3; Erl. zu Tab. 8.

[2] Vgl. insoweit auch *Schönke-v. Staff*, S. 263, der als ideale Besetzung eines Schiedsgerichts die mit einem Wirtschaftsjuristen als Vorsitzendem und mit sach- bzw. fachkundigen Beisitzern bezeichnet, und *Sudhoff*, Der Gesellschaftsvertrag der Personengesellschaften, S. 300, und ders., Der Gesellschaftsvertrag der GmbH, S. 430 f.

[3] So auch ausdrücklich *Ingenstau-Korbion*, Teil A § 10 Anm. 37.

es dort, wo der Schiedsgerichtsvorsitzende kein Jurist ist, vereinzelt zu einer beratenden Teilnahme von Juristen, vor allem bei der Verhandlung, aber auch bei der Beratung des Schiedsgerichts[4]. Das wurde oben[5] als zulässig qualifiziert. Freilich nur, um noch größeren Nachteilen entgegenzuwirken. Es bleiben aber die Bedenken, daß hier Dritte auf die Entscheidung des Schiedsgerichts erheblichen Einfluß nehmen können und auch tatsächlich nehmen, ohne Schiedsrichter zu sein, ohne also den Bindungen eines Schiedsrichters unterworfen zu sein. Hier seien nur die Worte des damaligen Syndikus der Industrie- und Handelskammer Hamburg, Mathies, zitiert. Mathies meint: „Ich habe in meiner Tätigkeit (sc. als Berater des Schiedsgerichts) niemals das Gefühl gehabt, daß mein Einfluß im Schiedsgericht in dieser Stellung geringer gewesen wäre, als wenn ich Beisitzer gewesen wäre[6]." Zutreffenderweise ist daher in § 29 der Musterschiedsgerichtsordnung des Deutschen Ausschusses für Schiedsgerichtswesen die Bestimmung aufgenommen, daß bei der Beratung und Beschlußfassung über den Schiedsspruch nur die Schiedsrichter anwesend sein dürfen. Die Gefahren, die mit der Teilnahme außenstehender Juristen an der Verhandlung oder Beratung verbunden sind, lassen sich durch die Ernennung eines Juristen zum Schiedsgerichtsvorsitzenden ohne weiteres ausschalten, ohne daß man auf die Beteiligung eines Juristen an Verhandlung und vor allem Beratung verzichten müßte[7].

Auf Grund der häufigen Besetzung der regelmäßig dreiköpfigen[8] Schiedsgerichte mit einem Juristen als Vorsitzenden und, worauf später noch besonders eingegangen wird, meist branchenkundigen Geschäftsleuten oder sonstigen Fachleuten als Beisitzer gleicht oder ähnelt die von der Wirtschaft nach ihren praktischen Bedürfnissen entwickelte Zusammensetzung der Schiedsgerichte in einem ganz be-

---

[4] Vgl. oben § 14; so heißt es auch in § 22 des Entwurfs einer Schiedsgerichtsordnung für Verbandsschiedsgerichte von *Schottelius*, Die kaufmännische Schiedsgerichtsbarkeit, S. 185: „An den Verhandlungen und Beratungen des Schiedsgerichts kann der Rechtskonsulent des Vereins mit beratender Stimme teilnehmen."

[5] § 14 Anm. 7.

[6] *Mathies*, Die ständigen Schiedsgerichte, S. 130.

[7] *Kisch*, Urteilsanmerkung zu RG, JW 1921, S. 1248; vgl. im übrigen *Sieg*, JZ 1958, S. 722 Anm. 48 mit Nachweisen und der Bemerkung, daß in der Literatur immer wieder der Hinweis erfolge, daß die Beraterteilnahme eine unglückliche Lösung sei; a. A. *David*, S. 66 f.

[8] Vgl. oben § 6, § 14; Tab. 3 und Erl. zu Tab. 8. Nach § 1028 ZPO ist der vom Gesetz vorgesehene Regelfall der Besetzung eines Schiedsgerichts die mit zwei Schiedsrichtern. Durch die Besetzung des Schiedsgerichts mit drei Schiedsrichtern wird über den Vorteil für das Finden einer interessengemäßen Lösung hinaus zugleich die Gefahr einer Realisierung des § 1035 Ziff. 2 ZPO vermindert. Verschiedentlich schließt man diese Gefahr durch das Untersagen von Stimmenthaltungen ganz aus.

trächtlichen Umfang der Zusammensetzung der Kammern für Handelssachen. Die Kammern für Handelssachen bestehen gemäß § 105 Abs. 1 GVG aus einem Juristen als Vorsitzenden und zwei Handelsrichtern. Bei den Handelsrichtern handelt es sich nach § 109 GVG immer um Kaufleute einschließlich in das Handelsregister eingetragener oder eingetragen gewesener gesetzlicher Vertreter von juristischen Personen. Es ist also zu folgern, daß auch die Zusammensetzung der Kammern für Handelssachen den praktischen Bedürfnissen der Wirtschaft entspricht und daß ein Ausweichen von ihnen nur beschränkt mit ihrer Zusammensetzung verbunden ist. Das ist dort der Fall, wo man in der Wirtschaft Angehörige der speziellen Branche, die nicht zuletzt gute Kenntnis von der augenblicklichen Lage dieser Branche mitbringen, oder der speziellen Materie wegen ausgesprochene Sachverständige zu Beisitzern ernennt[9]. Dementsprechend wären die Kammern für Handelssachen den Bedürfnissen der Wirtschaft von ihrer Zusammensetzung her dank einer größeren Sachnähe der Schiedsrichter im konkreten Streitfall noch besser angepaßt, wenn nicht nur Kaufleute allgemein, sondern zu den einzelnen Rechtsstreitigkeiten branchenkundige Geschäftsleute oder Sachverständige als Beisitzer hinzugezogen werden könnten. Allerdings wurde in dieser Hinsicht bereits mit § 19 der Entlastungsverordnung vom 13. Mai 1924[10] ein Versuch unternommen. Danach hatte das ordentliche Gericht auf Antrag der Parteien nichtrichterliche Beisitzer hinzuzuziehen, die von den Parteien ernannt wurden. Diese Regelung gewann aber keine nennenswerte praktische Bedeutung[11] und wurde mit dem Rechtsvereinheitlichungsgesetz vom 12. September 1950 deshalb wieder beseitigt.

Im Zusammenhang mit den von 1955—1964 erfolgten 95 Niederlegungen beim Landgericht ist auffallend, daß in 35 Fällen sogar alle drei Schiedsrichter Juristen waren[12]. Das begegnete mir bei der übrigen Untersuchung weder bei der Schiedsgerichtsbarkeit der Unternehmen noch bei der der wirtschaftlichen Interessenverbände. Es handelte sich in diesen 35 Fällen meist um isolierte Schiedsgerichte, die über Rechtsstreitigkeiten mit sehr hohen, nicht selten sechs- oder siebenstelligen Streitwerten zu entscheiden hatten. Hier wiegt das verstärkte Risiko einer Fehlentscheidung, das in diesen Fällen regelmäßig mit der Hinwendung zur Schiedsgerichtsbarkeit wegen der Ernennung der

---

[9] So auch ausdrücklich im Vergleich von Schiedsgerichten und Kammern für Handelssachen, *Haak*, S. 99.

[10] RGBl. I, S. 552 (555).

[11] Vgl. Bericht der Kommission zur Vorbereitung einer Reform der Zivilgerichtsbarkeit, 1961, S. 171; *David*, S. 53 mit Anm. 114.

[12] Vgl. Erl. z. Tab. 8.

Beisitzer durch die Parteien, der Einräumung eines Ermessens für die materielle Entscheidung und des Verzichts auf den Instanzenzug verbunden ist, besonders schwer. Daher erklärt sich wohl wesentlich die Zusammensetzung dieser Schiedsgerichte. Die Besetzung des Schiedsgerichts nur mit Juristen, die dazu dann häufig in der Streitmaterie spezialisiert sind, vermag das Risiko einer Fehlentscheidung bedeutend einzuschränken. Man läßt die Schiedssprüche niederlegen, um die reibungslose Durchführung einer eventuellen Zwangsvollstreckung bei derartigen Streitwerten so weit wie möglich zu sichern und damit vor allem in der Lage zu sein, die bloße Drohung mit der Zwangsvollstreckung nötigenfalls als Druckmittel zur Erfüllung der Schiedssprüche gebrauchen zu können.

III. Die Bestimmung von Sachverständigen als Schiedsrichter und die eigentliche Schiedsgutachtentätigkeit

§ 26: Es wurde im Zusammenhang mit der Frage der Zeit- und Kostenersparnis sowie dem Vergleich von Schiedsgericht und Kammer für Handelssachen bereits[1] der von der Literatur[2] wie von den Befragten aus der Praxis[3] häufig genannte Vorteil der Schiedsgerichtsbarkeit betont, daß als Schiedsrichter, vor allem als Beisitzer, nicht nur mit der wirtschaftlichen Betrachtungsweise vertraute Personen, sondern Geschäftsleute oder ausgesprochene Sachverständige ernannt werden können und auch ernannt werden. So kann vor allem auf das Hinzuziehen besonderer und außenstehender Sachverständiger im Rahmen des Schiedsverfahrens verzichtet werden. Das ist ein Hauptgrund für die große Bedeutung der Schiedsgerichtsbarkeit im Rahmen von Lizenzverträgen und von bedeutenden Liefer- und Montageverträgen über Investitionsgüter. Es ist ausschlaggebend für die weite Verbreitung der Schiedsgerichtsbarkeit in manchen speziellen Branchen, z. B. des Handels oder in der Bauindustrie. Hier kommt es überall wesentlich auf — oft überhaupt nur durch Erfahrung zu erwerbende — Spezialkenntnisse für die Abgabe eines sachgerechten Urteils bei Rechtsstreitigkeiten an; deshalb könnte auf das gesonderte Hinzu-

---

[1] Vgl. oben §§ 21, 22, 25.

[2] Vgl. Einleitung § 1 Anm. 4.

[3] Vgl. insoweit auch die Schiedsgerichtsordnung für das Bauwesen, Vorwort, S. 3, und den Bericht der Kommission zur Vorbereitung einer Reform der Zivilgerichtsbarkeit, 1961, S. 183, wonach gemäß den Auskünften der von der Kommission befragten Richter, Rechtsanwälte und Verbandsvertreter die Sachkenntnis des Schiedsrichters neben dem Wunsch nach einer möglichst raschen Entscheidung wichtigster Grund für die Hinwendung zur Schiedsgerichtsbarkeit ist.

ziehen von Sachverständigen bei Verfahren vor den ordentlichen Gerichten regelmäßig nicht verzichtet werden.

Dem Vorzug, den man der Schiedsgerichtsbarkeit in derartigen Fällen einräumt, entspricht es, daß man umgekehrt für Rechtsstreitigkeiten, in denen es im wesentlichen um rechtliche, womöglich grundsätzliche Probleme und nicht oder nur in zweiter Linie um spezielle Sachfragen geht, den ordentlichen Rechtsweg vorzieht. Das ist um so eher der Fall, je grundsätzlicher die rechtlichen Fragen sind, wobei dann auch um so mehr der Instanzenzug als Vorteil gewertet wird. Das gilt besonders, wenn man eine ausgesprochene Musterentscheidung wünscht. So empfiehlt auch eine ganze Reihe von Verbandsgeschäftsführungen in solchen Situationen den streitenden Parteien, sich anstatt an die eigene Verbandsschiedsgerichtsbarkeit, selbst wenn sie bereits als endgültig zuständig vereinbart ist, an die ordentlichen Gerichte zu wenden, eine Empfehlung, die dann fast immer befolgt wird[4]. Anders ist es freilich, wenn es sich um rechtliche Fragen im Hinblick auf die Auslegung der einem wirtschaftlichen Interessenverband nahestehenden oder einer Branche eigenen Allgemeinen Geschäftsbedingungen oder Handelsbräuche handelt. Gerade hier schaltet man gern auch heute noch ein Schiedsgericht ein, was bei den dann meist stark spezialisierten Allgemeinen Geschäftsbedingungen im Zusammenhang mit der Bestellung von branchenkundigen Geschäftsleuten oder Sachverständigen als Schiedsrichter steht und einer branchenmäßigen, einheitlichen Anwendung der Allgemeinen Geschäftsbedingungen dienen soll. Im Rahmen von Massenverträgen, zum Beispiel im Handel mit landwirtschaftlichen Erzeugnissen, hält man sich häufiger den ordentlichen Rechtsweg für Streitigkeiten, die mit keinerlei sachlichen Meinungsverschiedenheiten verbunden sind, offen, um sich der schnellen Mahnverfahren vor den ordentlichen Gerichten bedienen zu können[5].

Als erheblicher Nachteil, den der sachverständige Schiedsrichter als solcher gegenüber seinen dargelegten Vorteilen mit sich bringt, erweist sich vor allem in kleinen Branchen[6], z. B. der Meß- und Nachrichtentechnik, und bei Problemen auf stark spezialisierten Gebieten, daß die sachverständigen Schiedsrichter dann oft aus der Konkurrenz genommen werden müssen, da die Bestimmung eines Schiedsrichters aus

---

[4] So sieht auch *Schottelius* in § 2 seines Entwurfs einer Schiedsgerichtsordnung für institutionelle Schiedsgerichte für den Fall, daß vorwiegend schwierige Rechtsfragen zu entscheiden sind, auf Antrag einer Partei die Verweisungsmöglichkeit an ein ordentliches Gericht vor (Die kaufmännische Schiedsgerichtsbarkeit, S. 178).

[5] *Ditges-Haupt-Seidel*, § 16 Anm. 11.

[6] Das bedeutet hier wie im folgenden jeweils eine kleine Zahl von in einer Branche tätigen Unternehmen, ganz unabhängig von der Bedeutung der Branche etwa ihrem Umsatz nach.

der eigenen Firma den Schiedsrichter zu deutlich als Parteivertreter abstempelt und deshalb kaum praktiziert wird[7]. Das gilt besonders, wenn bei Verbandsschiedsgerichten, wie nicht selten, die sachverständigen Beisitzer aus den Mitgliedern oder aus einer Liste ausgewählt werden müssen[8]. Damit wird dann über die oben[9] bereits erörterte Möglichkeit, als Schiedsrichter eine Person des besonderen persönlichen Vertrauens zu bestimmen, auch ein nach dem oben Ausgeführten[10] wesentlicher Zweck des Ausschlusses der Öffentlichkeit vom Schiedsverfahren illusorisch; denn jedenfalls ein Teil der Konkurrenz wird unter Umständen wesentlich gründlicher über den Streit und über Geschäftsinterna der Parteien informiert als bei Durchführung eines Verfahrens vor den ordentlichen Gerichten. Auf der anderen Seite übernimmt man häufig in kleinen Branchen, wo sich meist alle fachkundigen Wettbewerber, teilweise sogar sehr gut, kennen, nicht gern das dann unter Umständen auch sehr undankbare Amt des Schiedsrichters über einen Branchenangehörigen an. Nicht nur besteht das Risiko der Entzweiung mit der unterlegenen Partei, sondern auch mit dem von der anderen Partei ernannten Schiedsrichter. Unter diesen Bedingungen ist es daher oft sehr schwer, überhaupt sachverständige Personen zu finden, die bereit sind, als Schiedsrichter tätig zu werden. Dieser wie der vorher aufgezeigte Nachteil bewogen neben anderen Ursachen manche Unternehmen aus kleinen Branchen, von der Vereinbarung von Schiedsklauseln grundsätzlich abzusehen bzw. wieder abzugehen.

Neben der Möglichkeit, die wirtschaftliche Betrachtungsweise verwirklichende sowie branchenkundige und sachverständige Richter zu wählen, bietet die Schiedsgerichtsbarkeit den Vorteil, bereits in der Schiedsklausel bzw. Schiedsgerichtsordnung auch für das Verfahren selbst auf die Entscheidung im Rahmen bestimmter Materien bzw. auf die Bedürfnisse einer bestimmten Branche abgestellte Bestimmungen treffen zu können. Als Beispiel sei hingewiesen auf die bloß 24-stündigen oder nur dreitägigen Ernennungsfristen für die Schiedsrichter bei Schiedsgerichten, die über Rechtsstreitigkeiten im Rahmen des Handels oder der Verarbeitung von leicht verderblichen landwirtschaftlichen Erzeugnissen zu entscheiden haben[11].

Bei jenen Schiedsgerichten, die über spezielle fachliche Probleme zu entscheiden haben und dann häufig auch nur aus Fachleuten bestehen, ist oft bereits von der Aufgabe wie der Zusammensetzung her die

---

[7] Vgl. dazu oben § 6 und Tab. 3, Erl. zu IV Sp. 4.
[8] Vgl. dazu Tab. 3 und Tab. 3, Erl. zu IV Sp. 4.
[9] § 24.
[10] Vgl. § 23.
[11] Vgl. oben § 15, 3.

Nähe zu Schiedsgutachtenausschüssen sehr groß[12]. Denn die Schiedsgutachtenausschüsse sind regelmäßig nur mit Fachleuten besetzt[13]. Sie finden sich neben Fällen, in denen wegen des Streitstoffes nicht nur kein Urteil, sondern auch kein vollstreckbarer Schiedsspruch ergehen kann[14], insbesondere für Rechtsstreitigkeiten, die wesentlich auf Auseinandersetzungen fachlicher Art beruhen.

Typisch sind z. B. die medizinischen oder technischen meist sogenannten Sachverständigenkommissionen im Versicherungswesen[15] sowie die neben der Schiedsgerichtsbarkeit einhergehende Schiedsgutachtentätigkeit für reine Qualitätsstreitigkeiten bei vereinzelten Interessenverbänden[16]. Wo man sich bei Rechtsstreitigkeiten der Schiedsgutachtentätigkeit zuwendet, geschieht das nicht zuletzt deshalb, weil mit der fachmännischen Entscheidung über die sachliche Auseinandersetzung praktisch auch der daraus resultierende Rechtsstreit entschieden ist. Einer ausdrücklichen Entscheidung über ihn bedarf es dann nicht mehr zusätzlich. Man kann also sowohl auf ein — immer noch mehr als ein Schiedsgutachtenverfahren — an gesetzliche Erfordernisse gebundenes Schiedsverfahren wie vor allem auch ein Verfahren vor den ordentlichen Gerichten verzichten. Vergegenwärtigt man sich diese Bedeutung eines Schiedsgutachtenverfahrens, dann zeigt sich die Bedenklichkeit der völlig herrschenden Meinung, wonach auf die Schiedsgutachtenverfahren die §§ 1025 ff. ZPO in keiner Weise anwendbar sind[17]. § 319 BGB oder die Spezialregelung der §§ 64, 184 VVG aber bieten hier nur einen sehr unvollkommenen Schutz gegen die Benachteiligung einer Partei. So hat das Bundesverwaltungsgericht[18] zutreffend festgestellt, daß Unfallversicherungsbedingungen, welche die ausschließliche Zuständigkeit eines Ärzteausschusses für die Entscheidung der Frage vorsehen, ob und in welchem Umfang der Tod auf den Unfall zurückzuführen ist, die Belange der Versicherten nicht ausreichend wahren. Das Gericht erklärte daher gemäß § 8 Abs. 1 Nr. 2 VAG die Weigerung der Aufsichtsbehörde, eine derartige Schiedsgutachtenklausel, auch wenn sie sich im Rahmen des

---

[12] Vgl. dazu auch § 1.

[13] Vgl. oben §§ 8, 18.

[14] Vgl. § 3 a. E. Bei den Schiedsgerichten ist die Gestaltungsmöglichkeit bereits wesentlich weiter als bei den ordentlichen Gerichten; vgl. § 23; sie können aber z. B. nicht über Geschäftsführungsfragen entscheiden, BGH, NJW 1965, S. 1378 = MDR 1965, S. 555 f. = BB 1965, S. 516.

[15] Vgl. oben § 2, 2.

[16] Vgl. oben § 11.

[17] Vgl. § 1 mit Anm. § 10.

[18] BVerwG 11, S. 245 (246 f.) = Veröffentlichungen des Bundesaufsichtsamts für das Versicherungs- und Bausparwesen 1961, S. 65 ff. = VersR 1961, S. 145 ff.

§ 184 VVG hält, zu genehmigen, für gerechtfertigt[19], was allerdings in den oben[20] aufgeführten Verbandsversicherungsbedingungen noch keinen Niederschlag gefunden hat, sondern nur in einigen versicherungseigenen Bedingungen[21]. Die Gewährung des rechtlichen Gehörs, wie Habscheid zu Recht fordert[22], und die Erfüllung der an die Unabhängigkeit eines Schiedsrichters zu stellenden Anforderungen sollten entsprechend der dargelegten weitgehend richterlichen Tätigkeit, die die Schiedsgutachter ausüben, wenigstens noch zur Voraussetzung des Anerkennens von Schiedsgutachten durch die ordentlichen Gerichte gemacht werden[23].

Ein Ausweichen von der Schiedsgerichtsbarkeit auf die Schiedsgutachtentätigkeit, nur weil letztere bei praktisch weitgehend gleichem Ergebnis noch freier gehandhabt werden kann, ist kaum zu beobachten. Die wesentliche Ursache dafür liegt in der später zu erörternden Bedeutung des Schlichtungswesens in der Wirtschaft. Die weitgehende Beschränkung der Versicherungswirtschaft auf die Schiedsgutachtentätigkeit[24] erklärt sich zwar einmal daraus, daß die Aufnahme von Schiedsklauseln in die Allgemeinen Versicherungsbedingungen wegen § 1027 ZPO für die meisten Versicherungsverträge unwirksam wäre, zum anderen aber auch zumindest gleichermaßen daraus, daß es in den Fällen der Vereinbarung bzw. Realisierung von Schiedsguatchtenklauseln tatsächlich im wesentlichen um von Fachleuten zu entscheidende Fragen geht[25].

IV. Die Parteilichkeit der Schiedsrichter

§ 27: Im Zusammenhang mit der Untersuchung über ein auf dem Ernennungsrecht der Parteien beruhendes besonderes Vertrauen der Parteien in die Schiedsrichter[1] wurde bereits das Problem der Parteilichkeit der Schiedsrichter angeschnitten. Der Geschäftsführer des

---

[19] BVerwG 11, S. 245 (247 ff.).

[20] § 2, 2.

[21] Vgl. oben § 2, 2 a. E.

[22] NJW 1962, S. 5 (9 f.).

[23] Für eine gewisse Anwendung des 10. Buches der ZPO auf die Schiedsgutachtentätigkeit spricht sich auch *Sieg*, VersR 1965, S. 629 (631 ff.) aus.

[24] Vgl. oben § 2, 2.

[25] In der Textilindustrie wird durch den Einsatz moderner Kontrollapparate für typische Mängel bestimmter Produkte in den Unternehmen nicht nur das Bedürfnis nach Schiedsverfahren, sondern vor allem auch nach Schiedsgutachtenverfahren erheblich eingeschränkt. Die Ergebnisse dieser Kontrollapparate werden von beiden Seiten der an Qualitätsstreitigkeiten Beteiligten ganz regelmäßig anerkannt.

[1] § 24.

Vereins der Metallhändler, Dietz[2], regt unter diesem Gesichtspunkt sogar an, die Schiedsrichter über die ausdrücklichen Hinweise auf die Pflicht zur objektiven Entscheidung[3] hinaus auch ausdrücklich auf die Strafvorschriften der §§ 334, 336 StGB aufmerksam zu machen. Die Gefahr der Parteilichkeit der Schiedsrichter ist in ihrer Stärke vor allem abhängig von Person bzw. Institution des oder der Ernennenden. Sie ist um so geringer, je weniger die Parteien mit den Ernennenden zu tun haben. Deshalb läßt man in der Praxis der Wirtschaft, vor allem bei isolierten Schiedsgerichten, die Schiedsrichter, insbesondere die Schiedsgerichtsvorsitzenden und die hilfsweise zu ernennenden Schiedsrichter, nicht selten von völlig Außenstehenden, in erster Linie von Gerichts- und Industrie- und Handelskammerpräsidenten, ernennen[4]. Da die Gefahr der Parteilichkeit der Schiedsrichter um so geringer ist, je weniger die Parteien mit den Ernennenden zu tun haben, ist sie gemäß dem bereits oben[5] Ausgeführten am größten bei der am meisten vorkommenden Art und Weise der Schiedsrichterernennung[6], nämlich dann, wenn die Beisitzer von den streitenden Parteien selbst ernannt werden. Sie ist extrem ausgebildet, wenn die streitenden Unternehmen eigene Angestellte als Beisitzer ernennen, wie es in der Praxis vorkommt, verschiedentlich aber auch ausdrücklich untersagt ist[7]. Bei der Ernennung der Beisitzer durch die streitenden Parteien, bei der dann generell nur der von den Beisitzern oder von Dritten ernannte Schiedsgerichtsvorsitzende eigentlicher Richter ist, ist das Schiedsgericht auch nicht „vielleicht in besonders hohem Grade in der Lage, ein gerechtes, ein richtiges Urteil zu fällen", wie Habscheid meint[8]. Denn die Standpunkte der Parteien können grundsätzlich gleichermaßen gut vor dem unter diesen Umständen eigentlichen und praktisch einzigen Richter, dem Schiedsgerichtsvorsitzenden, vertreten werden, wenn die zu Beisitzern Ernannten als echte Parteivertreter und nicht als scheinbare Richter[9] auftreten.

Bei den Schiedsgerichten der wirtschaftlichen Interessenverbände werden häufig, teilweise nur indirekt im Wege des Listenwahlsystems, alle Schiedsrichter oder nur der Schiedsgerichtsvorsitzende oder nur beide Beisitzer von Repräsentanten der Trägerverbände ernannt[10].

---

[2] a.a.O., S. 13.
[3] Vgl. Tab. 3 und § 24.
[4] Vgl. § 6; § 14; Tab. 3 mit Erl. zu IV Sp. 7..
[5] § 24.
[6] Vgl. § 6; § 14; Tab. 3.
[7] Vgl. § 6 a. E.; Tab. 3, Erl. zu IV Sp. 4.
[8] NJW 1962, S. 5 (9).
[9] Vgl. hierzu *David*, S. 57.
[10] Vgl. Tab. 3.

Hier ist zwar unter Umständen zu befürchten, daß die Schiedsgerichte bei ihren Entscheidungen Gesichtspunkte des Verbandsinteresses anstatt eine den Interessen beider streitenden Parteien gerecht werdende wirtschatfliche Betrachtungsweise in den Mittelpunkt stellen. Ist der Interessenverband aber an den Schiedsverfahren nicht selbst beteiligt, so ist das kein Problem der Parteilichkeit der Schiedsrichter und soll insoweit späterer Erörterung vorbehalten bleiben. Erstreckt sich dagegen die Zuständigkeit dieser Schiedsgerichte auch auf Streitigkeiten zwischen ihren Trägerverbänden und deren Mitgliedern, was unter den erfaßten wirtschaftlichen Interessenverbänden auf etwa die Hälfte der Fälle mit einer Ernennung von Schiedsrichtern durch Verbandsrepräsentanten zutrifft[11], so wird das Problem der Parteilichkeit der Schiedsrichter deutlich berührt. Denn hier ist, was sonst — auch außerhalb der wirtschaftlichen Interessenverbände — kaum vorkommt[12], einer Partei, nämlich dem Interessenverband, und zwar indirekt auch beim Listenwahlsystem, ein größerer Einfluß auf die Bildung des Schiedsgerichts eingeräumt als der anderen Partei, d. h. dem Mitglied. Dabei stellt sich dieses Problem nicht nur, aber besonders für die obligatorischen Schiedsgerichte, allerdings auch hier in unterschiedlicher Schärfe, je nachdem wie weit das Ernennungsrecht der Verbandsrepräsentanten geht[13]. So begegnete mir zwar da, wo der Verband als Partei in Betracht kommt, niemals die Regelung, daß alle Schiedsrichter, etwa auch noch erst im konkreten Streitfall, direkt vom Vorstand ernannt werden, aber z. B. zweimal die, daß für obligatorische Schiedsgerichte grundsätzlich alle Schiedsrichter von der Mitgliederversammlung für einen gewissen Zeitabschnitt im voraus ernannt werden. Die letztere Regelung verursacht zwar schon weniger Bedenken als die zuerst angedeutete, jedoch sind unabhängig von allen Abstufungen in sämtlichen Fällen, da einem Interessenverband für Streitigkeiten zwischen ihm und einem Mitglied größerer Einfluß auf die Bildung des Schiedsgerichts eingeräumt ist als dem streitenden Mitglied, die entsprechenden Bestimmungen als unzulässig zu betrachten. Denn es ist die oben dargelegte Einstellung der Schiedsrichter zu berücksichtigen, wonach sie, wenn der sie Ernennende Partei des Schiedsverfahrens ist, meist — bewußt oder zumindest unbewußt — wesentlich als dessen Interessenvertreter — hier als Vertreter der „übergeordneten" Interessen des Verbandes — handeln und entscheiden. Das führt bei einem größeren Einfluß des streitenden Verbandes auf die Bildung des Schiedsgerichts zu einem erheblichen Übergewicht des Verbandes im Schiedsverfahren, was eine den Interessen beider

[11] Vgl. Tab. 3, Erl. zu VIII und IX.

[12] Vgl. § 6; § 14; Tab. 3.

[13] Vgl. die Darstellung in Tab. 3.

streitenden Parteien gerecht werdende, unparteiische Lösung des Rechtsstreits leicht völlig illusorisch macht[14].

Die Parteilichkeit der von den Parteien selbst ernannten Schiedsrichter braucht aber nicht nur auf der Tatsache der Ernennung zu beruhen. Häufiger sind auch im Hinblick auf den Ausgang des Rechtsstreits gleichliegende geschäftliche Interessen zwischen Partei und Schiedsrichter eine bedeutende, manchmal die ausschlaggebende Ursache der Parteilichkeit der Schiedsrichter. Das gilt insbesondere bei Streitigkeiten zwischen Angehörigen verschiedener Wirtschaftsstufen, wo die Schiedsrichter je der Wirtschaftsstufe „ihrer" Partei angehören, trifft dann sogar auch in jenen Fällen zu, da die Schiedsrichter nicht von den Parteien ernannt werden.

Schließlich kann Ursache der Parteilichkeit speziell von den Parteien ernannter Schiedsrichter, also insbesondere auch da, wo die Schiedsrichter, vor allem auch ein fester Schiedsgerichtsvorsitzender, vom Verband ernannt werden und der Verband Partei ist, eine aus der Schiedsrichtervergütung resultierende Parteiabhängigkeit sein. Allerdings richtet sich der Honoraranspruch, wenn nicht ausnahmsweise gegen Dritte, immer gegen beide Parteien und nicht nur gegen die ernennende, weil der Schiedsrichtervertrag grundsätzlich mit beiden Parteien zustande kommt[15], diese also nach § 427 BGB als Gesamtschuldner haften[16]. Eine durch die Vergütung verursachte Parteilichkeit der Schiedsrichter kommt daher allein insoweit in Betracht, als der Schiedsrichter von „seiner" Partei für spätere Schiedsverfahren um der dann anfallenden Vergütung willen wieder ernannt werden möchte und sich deshalb entscheidend von den Interessen „seiner" Partei, die ihn ernannt hat, leiten läßt[17]. Die Vergütung als eventuelle Mitursache der Parteilichkeit der durch die Parteien ernannten Schiedsrichter entfällt bei ehrenamtlich tätigen Schiedsrichtern, sie ist dafür um so unverkennbarer in jenen Fällen, da oft beträchtliche Schiedsrichtervergütungen[18] gewährt werden. Hier nähert sich die Problematik des Schiedsrichters der des Wirtschaftsprüfers. Denn von

---

[14] A. A. RG 90, S. 306 (308 f.); RG, DR 1942, S. 186; OLG Frankfurt, AWDBB 1960, S. 217; *Mezger*, NJW 1962, S. 280; *Rölle*, MDR 1956, S. 261 ff.; wie hier KG, JW 1931, S. 77 f. mit Zust. Anm. von *Heilberg*; OLG Neustadt, NJW 1955, S. 635 f. mit zust. Anm. von *Werthauer; Habscheid*, KTS 1960, S. 181; ders., KTS 1959, S. 117 ff. mit weiteren Nachweisen; ders., NJW 1962, S. 9 ff.; *Baumbach-Schwab*, Kap. 10 B S. 105 f.; *Schönke*, ablehnende Anm. zu RG, DR 1942, S. 186 und *Kees*, S. 64—66, 68 f.

[15] Vgl. oben § 6 Anm. 19.

[16] RG 94, 210 (212); *Baumbach-Schwab*, Kap. 8 C I S. 94.

[17] *Meyer-Cording*, S. 135.

[18] Vgl. § 7 a. E.; Tab. 4.

beiden werden gegenüber denjenigen, die ihnen die Möglichkeit eines Verdienstes verschaffen, für diese unter Umständen nachteilige, völlig unabhängige Entscheidungen verlangt[19].

V. Zusammenfassende Beurteilung der Schiedsrichter

§ 28: Im Hinblick auf die Schiedsrichter, denen im Rahmen des Schiedsgerichtswesens die Lösung von Rechtsstreitigkeiten anvertraut wird, ergibt sich einerseits der tatsächlich wichtige Vorteil der Schiedsgerichtsbarkeit, die Ernennung wesentlich die wirtschaftliche Betrachtungsweise verwirklichender, sachverständiger oder branchenkundiger Schiedsrichter zu ermöglichen. Dem stehen vor allem gegenüber der Nachteil häufiger Parteilichkeit der Schiedsrichter, darüber hinaus die Schwierigkeit, geeignete Sachverständige oder branchenkundige Schiedsrichter zu finden, ohne sie aus der Konkurrenz nehmen zu müssen, und schließlich der teilweise mittelbare Zwang, die Schiedsrichter aus der Konkurrenz — als Mitglied des Verbandes oder über eine Schiedsrichterliste — auszuwählen. Diese Nachteile hindern nicht selten die Geschäftsleute, sich der Schiedsgerichtsbarkeit zuzuwenden, obwohl sie es gerade wegen der im Hinblick auf die Schiedsrichter genannten Vorteile an sich gern täten. Wo man sich aber trotzdem der Schiedsgerichtsbarkeit bedient, versucht man häufig der Gefahr der Parteilichkeit der Schiedsrichter durch entsprechende Ernennungsmodalitäten, vor allem für die Bestellung eines möglichst objektiven Schiedsgerichtsvorsitzenden, entgegenzuwirken. Der Schiedsgerichtsvorsitzende ist dann oft praktisch der eigentliche und einzige Richter. Die oft vorkommende Besetzung der Schiedsgerichte mit einem in Wirtschaftsfragen erfahrenen Juristen und zwei sachverständigen bzw. branchenkundigen Beisitzern entspricht der Besetzung der Kammer für Handelssachen, kann allerdings dem Einzelfall angepaßt werden. Die „Wirtschaftssicherheit“, d. h. das Rechnenkönnen mit einer nach Verfahren und Lösung wirtschaftlich betrachtet sachnahen Entscheidung für den eventuellen Streitfall, macht die Schiedsgerichtsbarkeit wiederum auch da von beträchtlichem Wert, wo es bei der Schaffung von Schiedsklauseln bleibt und nicht zu Schiedsverfahren kommt.

---

[19] Zur Situation des Wirtschaftsprüfers vgl. insoweit *Westrick*, S. 71.

E. Die Bedeutung der Schlichtungstätigkeit

§ 29: Während der bisherigen Untersuchungen über die Ursachen der derzeitigen Lage der Schiedsgerichtsbarkeit in der Wirtschaft wurde das Schiedsgerichtswesen vor allem der ordentlichen Gerichtsbarkeit gegenüber gestellt. Es ergab sich zwar, daß den wichtigen Vorteilen der Schiedsgerichtsbarkeit im Hinblick auf die Verwirklichung einer wesentlich wirtschaftlichen Betrachtungsweise für Verfahren und Lösung von Rechtsstreitigkeiten beträchtliche Nachteile gegenüberstehen. Die aufgezeigten Nachteile erklären jedoch noch keineswegs ausreichend, weshalb insgesamt gesehen trotz der in der Schiedsgerichtsbarkeit viel besser möglichen und häufig erfolgenden Realisierung des für die Wirtschaft entscheidenden Gesamtgesichtspunktes, nämlich der wesentlich wirtschaftlichen Betrachtungsweise, die Schiedsgerichtsbarkeit im Untersuchungszeitraum in der Wirtschaft, besonders im inländischen Geschäftsverkehr, weitgehend keine oder nur eine unbedeutende Rolle spielt, warum insbesondere Schiedsverfahren im großen und ganzen ausgesprochen selten sind.

Die wesentliche Erklärung ist wiederum in eben jener wirtschaftlichen Betrachtungsweise zu suchen, die im bloßen Vergleich zwischen ordentlicher Gerichtsbarkeit und Schiedsgerichtsbarkeit häufig den Ausschlag zu Gunsten der Schiedsgerichtsbarkeit gibt. Um zu dieser Erklärung zu kommen, ist die Schiedsgerichtsbarkeit nicht mit der ordentlichen Gerichtsbarkeit, sondern mit der schlichtenden Tätigkeit in der Wirtschaft zu vergleichen. Dann zeigt sich, daß die wirtschaftliche Betrachtungsweise nicht nur von der ordentlichen Gerichtsbarkeit, sondern auch von der Schiedsgerichtsbarkeit hinwegführt, und zwar hin zur bloßen Schlichtungstätigkeit. Dieser Trend ist tatsächlich nur beschränkt und mittelbar durch die bisher angeführten Nachteile des Schiedsgerichtswesens bedingt. Er hat vielmehr seine Ursache in einem weiteren, bei der bisherigen Untersuchung unberücksichtigt gebliebenen wesentlichen Gesichtspunkt der wirtschaftlichen Betrachtungsweise von Rechtsstreitigkeiten. Oben[1] wurde ausgeführt, daß wirtschaftliche Betrachtungsweise von Rechtsstreitigkeiten deren Beurteilung in erster Linie nach wirtschaftlichen Faktoren bedeutet, und im weiteren Verlauf der Untersuchung wurden allgemein bei der Beendigung von Rechtsstrei-

[1] Vor § 21.

tigkeiten entscheidende wirtschaftliche Faktoren näher erörtert. Wirtschaftliche Betrachtungsweise speziell von Rechtsstreitigkeiten bedeutet aber auch, daß für die Beendigung von Rechtsstreitigkeiten das Schwergewicht grundsätzlich nicht auf deren Entscheidung, sondern wesentlich auf deren gütliche Beilegung gelegt wird, daß es weniger auf „richten" als vielmehr auf „schlichten", d. h. auf eine vermittelnde Tätigkeit ankommt, daß die Dritten, denen die Beendigung von Rechtsstreitigkeiten anvertraut wird, vor allem „amiables compositeurs" sein sollen, die eine neue Übereinstimmung zwischen den Parteien herbeiführen. Das ist für die Geschäftsleute, wie von den Befragten aus den Unternehmen und den wirtschaftlichen Interessenverbänden immer und immer wieder hervorgehoben wurde, bei der Behandlung von Rechtsstreitigkeiten von ausschlaggebender Bedeutung[2]. Denn man möchte die gegenwärtigen Geschäftsbeziehungen so wenig wie möglich durch Rechtsstreitigkeiten belasten, nicht zuletzt im Hinblick auf eine weitere künftige Zusammenarbeit. Die Einschaltung von nur vermittelnden Dritten belastet aber wegen der darin noch ganz deutlich liegenden Konzessionsbereitschaft die Geschäftsbeziehungen nicht nur weit weniger als die Anrufung der ordentlichen Gerichte, sondern auch viel geringer, als es häufig ein Schiedsverfahren bereits unabhängig von seinem späteren Ausgang tut. Insbesondere beschwört das Hinwenden zur Schlichtungstätigkeit nicht die Gefahr eines Abbruchs von möglicherweise vielen Jahren, ja Jahrzehnte alten Geschäftsbeziehungen herauf, wie es öfters auch schon bei Schiedsverfahren und nicht nur bei ordentlichen Gerichtsverfahren der Fall ist[3].

Zwar wird die schlichtende Tätigkeit einerseits auch von den ordentlichen Gerichten wahrgenommen, wie es § 349 Abs. 1 S. 1 ZPO und § 495 Abs. 2 ZPO sowie die Prozeßvergleiche widerspiegeln. Andererseits spielt die Schlichtungstätigkeit auch im Rahmen der Schiedsgerichtsbarkeit eine große Rolle; die echte Streitentscheidung soll häufig nur ultima ratio sein. Nicht selten sind den Schiedsverfahren vor Verbandsschiedsgerichten obligatorisch Schlichtungsverhandlungen vorgeschaltet, manche Schiedsklauseln bzw. Schiedsgerichtsordnungen enthalten die ausdrückliche Feststellung, daß das Schiedsgericht auch noch während des Verfahrens auf eine gütliche Beilegung des Rechtsstreits hinarbeiten solle und entsprechend zu handeln berechtigt sei;

---

[2] Vgl. dazu das im Zusammenhang mit den wirtschaftlichen Interessenverbänden über die große Bedeutung der Schlichtungstätigkeit Ausgeführte (§ 11).

[3] Vgl. das von *Ehlers*, a.a.O., S. 219, angeführte Beispiel eines langfristigen Vertrages führender Schwachstromunternehmen der USA, Englands und Deutschlands. In diesem Vertrag wurde im Zusammenhang mit der Schiedsklausel ausdrücklich festgestellt, daß die Anrufung des Schiedsgerichts nicht als unfreundlicher Akt angesehen werde.

und überwiegend handelt man dementsprechend auch ohne ausdrückliche Vorschriften[4]. So führen viele Schiedsverfahren zu einem Vergleich, bei den Schiedsgerichten der Industrie- und Handelskammer und der Getreide- und Produktenbörse sogar in etwa 90 % aller Fälle[5].

Aufschlußreich ist in diesem Zusammenhang die Vorschrift des § 1822 Nr. 12 BGB, wonach der Vormund zum Abschluß von Schiedsverträgen wie von Vergleichen, wenn der Gegenstand des Streits oder der Ungewißheit 300,— DM übersteigt, der Genehmigung des Vormundschaftsgerichts bedarf. Durch die Aufnahme des Schiedsvertrages in den Katalog des § 1822 BGB kennzeichnet der Gesetzgeber, wie für die anderen in den Katalog aufgenommenen Rechtsgeschäfte, einerseits die besondere Bedeutung und damit auch das besondere Risiko, das mit dem Abschluß von Schiedsverträgen verbunden sein kann[6], andererseits und hier vor allem interessierend spricht die in diesem Katalog erfolgte Zusammenfassung von Schiedsvertrag und Vergleich unter einer Nummer dafür, daß der Gesetzgeber bereits im Abschluß eines Schiedsvertrags Elemente eines Vergleichs erblickt. Diese Einstellung ist nach dem gerade Ausgeführten auch für den Untersuchungszeitraum durchaus realistisch.

Der starke Zug zum Vergleich in der Schiedsgerichtsbarkeit ist von den Befragten aus der Praxis jedoch öfters auch ausdrücklich kritisiert worden, weil man, wenn man sich schon an ein Schiedsgericht wende, eine echte Entscheidung wolle. Andernfalls einige man sich ohne Schiedsgericht allenfalls unter formloser Einschaltung von vermittelnden Dritten. Da man aber eine echte Entscheidung bei den Schiedsgerichten mit ihrem Hang zum Vergleich oft schwer erhalte, wende man sich dann, wenn alle vorhergehenden Einigungsbemühungen gescheitert seien, lieber an die ordentlichen Gerichte. In diesen Äußerungen liegt bereits die wesentliche Erklärung, weshalb die wirtschaftliche Betrachtungsweise speziell unter dem Gesichtspunkt einer gütlichen Beendigung des Rechtsstreits die Bedeutung der Schiedsgerichtsbarkeit auch trotz der Tatsache, daß dieser Gesichtspunkt auch im Rahmen der Schiedsgerichtsbarkeit stark berücksichtigt wird, weitgehend einschränkt. Denn wenn man, wie meist, keine Entscheidung, sondern eine

---

[4] Vgl. oben § 15, 2 und *Ehlers*, S. 219; *Grimm-Rochlitz*, S. 16 Anm. 12; *Pohle*, Rechtsvergleichendes Handwörterbuch, Stichwort „Schiedsvertrag", Bd. 6 S. 162, spricht von „wirtschaftsfriedlichem Streben im Schiedsgerichtswesen"; *Nußbaum*, Neuordnung, S. 6 f.; *Schönke-v. Staff*, S. 37; *Mathies*, Die ständigen Schiedsgerichte, S. 99; *Thomas*, S.V.

[5] Vgl. § 12.

[6] BGH 17, S. 160 (163); Motive, Bd. 4, S. 1136; RGRK, vor §§ 1821, 1822 Anm. 1.

gütliche Beilegung des Rechtsstreits wünscht, bedarf es gar nicht erst eines Schiedsverfahrens. Kann man sich untereinander selbständig nicht einigen, möchte aber trotzdem eine gütliche Beilegung, dann unterbreitet man den Rechtsstreit zwar auch einem oder mehreren Dritten mit der wirtschaftlichen Betrachtungsweise vertrauten, möglichst auch branchenkundigen oder sachverständigen Dritten, sehr oft Mitgliedern der Verbandsgeschäftsführungen[7]. Das ist unabhängig davon, ob man durch eine entsprechende Vereinbarung oder Satzungsbestimmung dazu verpflichtet ist, was ziemlich selten vorkommt[8]. Da die Dritten schlichten, nicht richten sollen und man also auch nicht auf einen Vollstrekkungstitel Wert legt, kann deren Tätigkeit unter vollem Ausschluß jeder Öffentlichkeit völlig formlos gehalten werden, so daß sie eben häufig nicht einmal im Rahmen einer eigentlichen Verhandlung, sondern z. B. während eines Essens stattfindet[9]. Zeit- und Kostenaufwand sind für eine derartige formfreie Schlichtung ganz erheblich geringer als für ein Schiedsverfahren. Sie bleiben aber auch, besonders da alle Schlichter meist ehrenamtlich tätig werden, bei durch die Verbände an gewisse Formen gebundenen Schlichtungsverfahren im allgemeinen wesentlich unter dem Zeit- und Kostenaufwand für ein entsprechendes Schiedsverfahren, selbst wenn dieses dann auch mit einem Vergleich geendet hätte.

Gemäß dem oben[10] Dargelegten spielt die Dauer der Beendigung von Rechtsstreitigkeiten in Zeiten einer derart guten Konjunkturlage, wie sie insgesamt gesehen die Wirtschaft im Untersuchungszeitraum kennzeichnet, eine besonders hervorragende Rolle. Eine solche gute Konjunkturlage erhöht daher, wie von den Befragten aus der Wirtschaft sehr oft stark betont wurde, um einer möglichst schnellen Beendigung der Rechtsstreitigkeiten willen noch ganz erheblich die Bereitschaft zum Nachgeben, zum Vergleich. Mit anderen Worten, je besser die Konjunkturlage, desto entscheidender wird der Zeitfaktor, je mehr ist man, um ihn klein zu halten, zum Nachgeben bereit, desto eher vergleicht man sich also oder wendet sich bei Rechtsstreitigkeiten an Dritte allenfalls mit dem Wunsche nach einem dann regelmäßig akzeptierten Schlichtungsvorschlag, nicht aber mit dem Verlangen nach einer echten Entscheidung. Desto weniger macht man folglich von der Schiedsgerichtsbarkeit Gebrauch. Die gute Konjunkturlage förderte demnach im Untersuchungszeitraum entscheidend die Wendung von der Schiedsgerichtsbarkeit weg hin zur Schlichtungstätigkeit.

---

[7] Vgl. die Beispiele § 11.

[8] Vgl. §§ 11, 18.

[9] Vgl. oben § 11.

[10] § 21.

Die große Bedeutung der Schlichtungstätigkeit macht zugleich, wie oben bereits gesagt[11], auch ein Ausweichen von der Schiedsgerichtsbarkeit auf die Schiedsgutachtentätigkeit weitgehend überflüssig. — Überhaupt keiner Einschaltung von Dritten als Richter, Schiedsrichter oder auch als Schlichter zur Beendigung von Rechtsstreitigkeiten bedarf es innerhalb von Konzernen. Da die Konzentration in der Wirtschaft durch die Europäische Wirtschaftsgemeinschaft und einen auch darüber hinaus immer stärker werdenden internationalen Wettbewerb unaufhaltsam fortschreitet, verliert die Beendigung von Rechtsstreitigkeiten durch Richter, Schiedsrichter oder Schlichter in weiten und wichtigen Bereichen der Wirtschaft, besonders der Industrie, viel an Bedeutung. Denn mit der Konzentration ist eine ständige Abnahme von Rechtsstreitigkeiten verbunden, soweit nämlich die von der Konzentration erfaßten Unternehmen auch ihre rechtliche Selbständigkeit verlieren. Gegenüber rechtlich selbständig gebliebenen Konzernunternehmungen aber steht der Konzernspitze die Entscheidungsgewalt zu, so daß es auch bei Rechtsstreitigkeiten dieser Konzernunternehmen grundsätzlich keiner Einschaltung Dritter bedarf.

[11] Vgl. § 26 a. E.

F. Der Machtfaktor

Die wesentlich wirtschaftliche Betrachtungsweise im Hinblick auf Rechtsstreitigkeiten bedeutet grundsätzlich auch eine Berücksichtigung der konkreten wirtschaftlichen Machtfaktoren, die auf die Rechtsstreitigkeiten einwirken. Im folgenden soll erörtert werden, wie weit diese Machtfaktoren, soweit sie nicht vom Recht als einer „Modalität der Machtausübung"[1] erfaßt und anerkannt werden, sondern am Rande oder außerhalb des Rechts liegen, im Rahmen des Schiedsgerichtswesens in der Wirtschaft dort Berücksichtigung finden, wo Rechtsstreitigkeiten wesentlich unter den Gesichtspunkten wirtschaftlicher Betrachtungsweise beendet werden. Zunächst wende ich mich insoweit speziell der Verbandsschiedsgerichtsbarkeit zu.

I. Der Machtfaktor speziell in der Verbandsschiedsgerichtsbarkeit

§ 30: Von Schiedsverfahren ist die Öffentlichkeit generell ausgeschlossen. Die Kontrolle durch die ordentlichen Gerichte ist auf die in § 1041 Abs. 1 ZPO genannten Punkte, vorausgesetzt, daß es nach einem Schiedsspruch überhaupt zu einer Anrufung der ordentlichen Gerichte kommt, begrenzt. Aus diesen Gründen kann die Schiedsgerichtsbarkeit in der Hand der wirtschaftlichen Interessenverbände als ein wesentlicher Machtfaktor zur Durchsetzung von Verbandsinteressen gegenüber den Mitgliedern dienen. Das gilt nicht zuletzt im Rahmen der Bildung eines autonomen, insbesondere in Wettbewerbsfragen möglicherweise mit dem Gesetz unvereinbaren und daher vor der Öffentlichkeit nicht vertretbaren oder vor den ordentlichen Gerichten gar nicht durchsetzbaren[2] Verbandsrechts. Hier ist zunächst zu berücksichtigen, daß nur gut ein Drittel der erfaßten wirtschaftlichen Interessenverbände und ebenfalls nur etwa ein Drittel der erfaßten Wirtschaftsverbände überhaupt eine eigene Schiedsgerichtsbarkeit hat[3]. Bei allen anderen kommt also die Schiedsgerichtsbarkeit als Macht-

---

[1] *Geiger*, S. 28 f.

[2] Vgl. dazu oben § 23 a. E., außerdem Tab. 2, Erl. zu II Sp. 1, wo ausgeführt wurde, daß die schiedsgerichtliche Zuständigkeit für Wettbewerbsstreitigkeiten der Mitglieder obligatorisch nur unter bestimmten Voraussetzungen wirksam begründet werden kann.

[3] Vgl. oben vor § 9 und § 10 am Anfang.

faktor zur Durchsetzung von Verbandsinteressen gar nicht in Betracht. Bei den Wirtschaftsverbänden ist dann jedoch wiederum die Verbreitung fakultativer und disponibler Schiedsgerichte fast ebenso stark wie die obligatorischer Schiedsgerichte, und nur ganz selten versucht man dann doch, eine praktisch obligatorische Zuständigkeit für Mitglieder wie für Dritte zu erreichen. Bei den Kartellen sind Schiedsklauseln zwar sehr häufig, sie sind aber nur ausnahmsweise nicht fakultativ gestaltet, und bei Kammern und Börsen, die unmittelbar mit der Schiedsgerichtsbarkeit zu tun haben, finden sich nur disponible Schiedsgerichte[4]. Nun ergibt sich als Grundsatz, daß der Einfluß der streitenden Parteien, in erster Linie der Mitglieder, auf die Begründung der Zuständigkeit des Schiedsgerichts von der obligatorischen über die fakultative zur disponiblen Schiedsgerichtsbarkeit wächst. Dementsprechend nimmt die Einsatzmöglichkeit für die Schiedsgerichtsbarkeit als Machtfaktor ab. Beim obligatorischen Schiedsgericht ist in einem bestimmten Umfang die Zuständigkeit bereits allgemein auch für den konkreten Streitfall bestimmt. Beim fakultativen Schiedsgericht bedarf es noch einer (weiteren) Schiedsklausel, zu deren Abschluß die streitenden Parteien nicht verpflichtet sind, um die Zuständigkeit des Schiedsgerichts im konkreten Streitfall endgültig zu begründen. Beim disponiblen Schiedsgericht aber fehlt nicht nur die Begründung der Zuständigkeit für den konkreten Streitfall, sondern überhaupt noch für jedes konkrete Rechtsverhältnis. Tatsächlich kommt es im Hinblick auf den Einfluß der streitenden Parteien auf die endgültige Begründung der Zuständigkeit bei den fakultativen und disponiblen Schiedsgerichten allerdings stark auf die Detailgestaltung im Einzelfall an[5]. Für die obligatorischen Schiedsgerichte ist zu berücksichtigen, daß sie für gewisse Streitigkeiten teilweise nur disponibel zuständig sind[6]. Oben[7] wurde dargelegt, daß die Zuständigkeit einiger disponibler Schiedsgerichte, etwa in der Kombination mit entsprechenden Bestimmungen und Benutzungsordnungen, praktisch obligatorisch begründet wird. Gegenüber solchen Fällen ist der Einfluß der streitenden Parteien auf die endgültige Begründung der Zuständigkeit bei fakultativen Schiedsgerichten im allgemeinen größer. Die fakultative Zuständigkeit aber nähert sich dort der obligatorischen, wo bei der Gestaltung der Wahlmöglichkeit die Schiedsgerichtsbarkeit bevorzugt wird[8]. Gegenüber derartigen Regelungen ist der Einfluß der Parteien auf die Begründung der endgültigen Zuständigkeit im Normal-

---

[4] Vgl. § 10, 1.

[5] Vgl. § 10, 2 und 3.

[6] Vgl. Tab. 2, Erl. zu II Sp. 1.

[7] § 10, 3 a. E.

[8] § 10, 2 a. E.

fall bei den disponiblen Schiedsgerichten eindeutig größer. Insgesamt gesehen ist aber jedenfalls bereits die bloße Möglichkeit, die Verbandsschiedsgerichtsbarkeit durch eine weitgehende Ausschaltung der Öffentlichkeit und der ordentlichen Gerichtsbarkeit als Mittel der Verbandspolitik zu handhaben, wegen der starken Verbreitung von disponiblen und vor allem von fakultativen Schiedsgerichten zum großen Teil auch noch bei jenen Wirtschaftsverbänden eingeschränkt, bei denen sich wenigstens eine eigene Schiedsgerichtsbarkeit findet[9]. Zugleich ist damit der Umfang unfreiwilliger Unterwerfung unter Schiedsgerichte, wie er oft beklagt wird[10], tatsächlich sehr begrenzt worden, wie die Klärung der Ursache dieser Gestaltungen noch verdeutlichen wird.

Fragt man nach den Ursachen für einen derartigen Verzicht auf die Schiedsgerichtsbarkeit als möglichen Machtfaktor bei den wirtschaftlichen Interessenverbänden, und zwar auch noch bei vielen jener Interessenverbände, die eine eigene Schiedsgerichtsbarkeit eingerichtet haben, so ergibt sich für die Kartelle als unmittelbarer Grund für die regelmäßig fakultative Gestaltung ihrer Schiedsklauseln § 91 GWB. Nach § 91 Abs. 1 S. 1 GWB sind Schiedsverträge in Kartellen grundsätzlich nichtig, „wenn sie nicht jedem Beteiligten das Recht geben, im Einzelfalle statt der Entscheidung durch das Schiedsgericht eine Entscheidung durch das ordentliche Gericht zu verlangen". Dabei ist davon auszugehen, daß es gleichgültig ist, ob es sich, je nach der rechtlichen Gestaltung der Kartelle, um Schiedsverträge (§ 1025 ZPO)[11] oder um statutarische, d. h. einseitige Schiedsklauseln (§ 1048 ZPO)[12], handelt. Zwar spricht § 91 GWB nur von Schiedsverträgen, aber es ist keinerlei Grund ersichtlich, warum Schiedsklauseln bei Kartellen wegen dieser insoweit rein formellen Differenz unterschiedlich behandelt werden sollen. Die ratio des Gesetzes besteht darin, den Kartellzwang zu lockern und privatrechtliche Kartellstreitigkeiten nicht völlig von den ordentlichen Gerichten fernzuhalten[13]. Dem entspricht es danach allein, § 91 GWB auch auf statutarische Schiedsklauseln anzuwenden[14]. Da die Mitglieder von Kartellen meist zugleich alle in demselben Wirtschaftsverband organisiert sind, kann allerdings, vorausgesetzt dieser Verband hat eine

[9] Vgl. auch Selbstbild, S. 196, 359, wonach nur bei 9 % der Wirtschaftsverbände ein Schiedsgericht oder eine Schlichtungsstelle als Mittel gegen die Nichtbefolgung von gemeinsamen Beschlüssen eingesetzt wird.

[10] Vgl. oben § 1 mit Anm. 5.

[11] Bei Kartellen in der Form bürgerlich-rechtlicher Gesellschaften.

[12] Vor allem bei Kartellen in der Form rechtsfähiger Vereine.

[13] Begründung zu einem Entwurf eines Gesetzes gegen Wettbewerbsbeschränkungen, Bundestagsdrucksache II/1158, Anlage 1 zu § 66.

[14] Vgl. *Jessen*, BB 1960, S. 116 (117); a. A. *Tiffert* in *Müller-Henneberg-Schwarz*, § 91 Anm. 8.

obligatorische Schiedsgerichtsbarkeit, ein gegen die Kartellbestimmungen verstoßendes Mitglied über die Verbandsschiedsgerichtsbarkeit belangt werden, etwa weil das Verbandsschiedsgericht für alle Streitigkeiten, die sich aus Angelegenheiten dieses Verbandes ergeben, zuständig ist. Denn zu den Angelegenheiten eines Verbandes gehören auch die „seines" Kartells. Praktisch ist das allerdings wegen der auch bei den Wirtschaftsverbänden allgemeinen Abnahme der Bedeutung der Schiedsgerichtsbarkeit selten.

Bei den Wirtschaftsverbänden hat die starke Verbreitung von bloß fakultativen oder auch disponiblen Schiedsgerichten — selbst für Fälle, wo die Schiedsgerichte berufen sind, (auch) Vereinsstrafen zu verhängen — nicht unmittelbar im gesetzlichen Zwang ihre Ursache. Allerdings trifft das teilweise mittelbar zu, indem nämlich das Gesetz gegen Wettbewerbsbeschränkungen mit seinem grundsätzlichen Verbot von Wettbewerbsbeschränkungen (§ 1) und der Veranlassung von Wettbewerbsbeschränkungen (§ 25) sowie dem Untersagen von diskriminierenden und Boykottmaßnahmen (§ 26) und seinem unter gewissen Voraussetzungen statuierten Aufnahmezwang (§ 27) auch zu einer Schwächung der Verbandsmacht gegenüber den Mitgliedern führt.

Aufschlußreich für diese Wirkung ist die ein Urteil des Oberlandesgerichtes Frankfurt am Main[15] bestätigende Entscheidung des Bundesgerichtshofs im sogenannten „Spar"-Fall[16]. Sie bezieht sich zwar nicht unmittelbar auf einen Wirtschaftsverband, trifft aber gleicherweise die entsprechenden Situationen in Wirtschaftsverbänden. In den sogenannten Grundprinzipien der „Spar", eines freiwilligen Zusammenschlusses von Lebensmittel Groß- und Einzelhändlern, wobei die Großhändler zugleich Gesellschafter der „Handelshof Spar GmbH" sind, hieß es, die Großhändler dürften untereinander keinen Wettbewerb treiben. Unter anderem war für sämtliche Streitigkeiten der Gesellschafter aus dem Gesellschaftsverhältnis einschließlich der Grundprinzipien die Zuständigkeit eines Schiedsgerichts vereinbart. Dieses Schiedsgericht verurteilte einen der Großhändler, der mehrfach gegen das Wettbewerbsverbot verstoßen hatte, zu einer Geldstrafe von 15.000,— DM. Weil die Satzungsbestimmung über das Wettbewerbsverbot von § 1 GWB erfaßt wird und der Schiedsvertrag daher gemäß § 106 Abs. 4 GWB in Verbindung mit § 91 GWB insoweit unwirksam geworden war, hob das Oberlandesgericht den vom Landgericht für vollstreckbar erklärten Schiedsspruch gemäß § 1041 Ziff. 1 ZPO auf[17],

---

[15] BB 1960, S. 1041 f. = WuW/E OLG 337 ff.

[16] BGH 37, S. 194 ff. = WuW/E BGH S. 486 ff. = GRUR 1963, S. 43 ff. mit ablehnender Anmerkung von *Dörinkel* (S. 47 f.), in den letzten beiden Fundstellen mit ausführlicher Darstellung des Sachverhalts.

[17] a.a.O., S. 338 f.

was vom Bundesgerichtshof bestätigt wurde[18]. Der betroffene Gesellschafter trat übrigens aus der Gesellschaft aus.

Wo Wirtschaftsverbände mit Kartellen eng verflochten sind, führt auch die allgemeine Verminderung der Kartellmacht zu einer Schwächung der Verbandsmacht gegenüber den Mitgliedern. Im übrigen aber beruht die geringe Bedeutung, die die Schiedsgerichtsbarkeit, insbesondere als möglicher Machtfaktor in der Verbandspolitik, bei den Wirtschaftsverbänden hat und wie sie schließlich auch in dem im Durchschnitt geradezu seltenen Vorkommen von Schiedsverfahren vor Verbandsschiedsgerichten und damit auch der Verhängung von Vereinsstrafen durch Verbandsschiedsgerichte ihren Ausdruck findet[19], im wesentlichen auf zwei Ursachen. Das ist, wie es auch von den Befragten aus den Wirtschaftsverbänden — sowohl solchen mit eigener Schiedsgerichtsbarkeit als auch solchen ohne eigene Schiedsgerichtsbarkeit — sehr oft als zentraler Grund angeführt wurde, zum einen eine oft im Gegensatz zu ihrer Bedeutung nach außen stehende Schwächung der Macht der Wirtschaftsverbände gegenüber ihren tatsächlichen wie potentiellen Mitgliedern[20], die über den Einfluß des Gesetzes gegen Wettbewerbsbeschränkungen hinausgeht. Diese Schwächung führt im Hinblick auf das Verbandsschiedsgerichtswesen über das verbreitete Fehlen jeder Verbandsschiedsgerichtsbarkeit und die Schaffung bloß fakultativer oder disponibler Verbandsschiedsgerichte z. B. dazu, daß sich Mitglieder nicht einmal der durch besondere Vereinbarung geschaffenen bloß fakultativen Verbandsschiedsgerichtsbarkeit[21] unterwerfen und man schon, um das zu ermöglichen, die Verbandsschiedsgerichtsbarkeit nicht in der Satzung verankert hat. Diese Schwächung bewirkt bei manchen Wirtschaftsverbänden, daß deren Vorstand oder Geschäftsführung zwar von der Mitgliederversammlung ermächtigt ist, eine eigene Verbandsschiedsgerichtsbarkeit aufzubauen, daß aber von dieser Ermächtigung nur sehr zögernd, teilweise überhaupt nicht Gebrauch gemacht wird. Von der Verbandsleitung her fürchtet man, daß die im Schiedsverfahren vor dem Verbandsschiedsgericht unterlegenen Mitglieder — auch bei Schiedsverfahren zwischen Mitgliedern untereinander — ihr Unterliegen, auch wenn der Verband auf den Ausgang des Schiedsverfahrens keinen Einfluß hatte, letzten Endes doch dem Verband anlasten, es zu zusätzlichen Unstimmigkeiten im

---

[18] BGH 37, S. 194 (197 ff.).

[19] Vgl. § 12.

[20] Vgl. Selbstbild, S. 101: „Diese Antworten bestätigen die Angaben einiger Industrieverbände ..., daß die Verbände im allgemeinen wenig Maßnahmen gegen Mitglieder ergreifen können, die gemeinsame Beschlüsse nicht beachten."

[21] Vgl. oben § 10, 2.

Verband und schließlich zum Austritt des unterlegenen Mitglieds kommt, wie es in den letzten Jahren wiederholt bei verschiedenen Wirtschaftsverbänden geschehen ist[22]. Das will man aber heute, wenn irgend möglich, von den Verbänden aus vermeiden[23]. Dem entspricht es, daß sich nur ganz ausnahmsweise der Ausschluß aus dem Verband als vom Schiedsgericht zu verhängende Strafe findet[24].

Wo man aber eine eigene Schiedsgerichtsbarkeit beibehält oder neu einrichtet[25], dehnt man die Entscheidungsbefugnis des Schiedsgerichts nur manchmal auf die Frage der Wirksamkeit des Rechtsverhältnisses, dessen Funktionieren es dient, aus und räumt dem Schiedsgericht noch weniger die Kompetenz-Kompetenz ein. Auch über die Zuständigkeit hinaus werden dem Schiedsgericht und dem Verband oft noch in jenen Punkten Grenzen gezogen, die den Gebrauch des Schiedsgerichts als Machtfaktor begünstigen. Nur ganz selten und nur bei der Einlegung von Rechtsmitteln sind Sicherheiten zu hinterlegen, um die Vollstreckung beim Unterlegenen zu sichern. Man verpflichtet das Schiedsgericht in vielen Fällen, eine mündliche Verhandlung durchzuführen und allenfalls unter einschränkenden Voraussetzungen nach Aktenlage zu entscheiden. Man beläßt es fast immer beim Begründungszwang für den Schiedsspruch. Man droht nur ganz vereinzelt für den Fall der Nichtbefolgung eines Schiedsspruchs Sanktionen an, wobei bei der Getreide- und Produktenbörse treffenderweise die legalen gesetzlichen Mittel gegen einen Schiedsspruch ausgenommen werden, bzw. deren Ausgang abgewartet werden muß. Im allgemeinen läßt man die Repräsentanten der Wirtschaftsverbände sich möglichst wenig an der Durchführung von Schiedsverfahren beteiligen, jedenfalls nicht als Schiedsrichter[26]. Es ist heute keineswegs mehr so, wie z. B. noch Habscheid[27] meint, „daß die Schiedsgerichtsbarkeit zu einem Mittel der Verbandspolitik wird, zu-

---

[22] Unzutreffend sind gegenüber dem mir insoweit aus der Praxis Berichteten die Ausführungen von *Dietz*, a.a.O., S. 16: „Befürchtungen, daß etwa die unterliegende Partei der Verbandsgeschäftsführung ihre Niederlage nachtragen könnte, haben sich in der Praxis nicht bestätigt."

[23] Vgl. das im Selbstbild, S. 108, allgemein zur Beilegung von innerverbandlichen Interessengegensätzen Ausgeführte, entscheidend auf die Schiedsgerichtsbarkeit Zutreffende: „ Die Abneigung der Verbandsgeschäftsführer gegenüber den Interessengegensätzen ist verständlich; schließlich fällt den Verbandsgeschäftsführern oft die unangenehme Aufgabe zu, die durch Interessengegensätze bedingten Auseinandersetzungen zu regeln; falls dies mißlingt, besteht die Gefahr, daß die Mitglieder ‚abspringen' oder daß sich sogar der Verband spaltet; gleichzeitig ist unter Umständen die berufliche Existenz des Verbandsgeschäftsführers bedroht."

[24] Vgl. § 13 Anm. 2.

[25] Vgl. zum folgenden § 13 und Tab. 1; § 15, 5, 8 und 9; § 16.

[26] Vgl. oben § 14.

[27] NJW 1962, S. 5 (10).

mal da die Mitglieder des Schiedsgerichts regelmäßig Verbandsfunktionäre sind". Die Schiedsgerichtsbarkeit ist im Gegenteil um so weniger ein Mittel der Verbandspolitik, als die Wirtschaftsverbände selbst die Ernennung der Schiedsrichter häufig den Parteien oder Dritten überlassen[28]. Wo die Ernennung von Verbandsorganen vorgenommen wird und dann der Wirtschaftsverband selbst Partei eines Schiedsverfahrens ist[29], ist die deutliche Gefahr einer parteiischen Entscheidung unter diesen Umständen grundsätzlich gemildert durch die verminderte Einsatzmöglichkeit der Verbandsschiedsgerichtsbarkeit als Machtfaktor. Dasselbe gilt, wo die Gefahr einer Parteiabhängigkeit der Schiedsrichter, nicht zuletzt eines festen Schiedsgerichtsvorsitzenden, wegen der Vergütung besteht[30].

Die Gründe für die allgemeine Schwächung der Macht der Wirtschaftsverbände gegenüber ihren Mitgliedern, wie sie vorstehend im Hinblick auf die Bedeutung der Verbandsschiedsgerichtsbarkeit, insbesondere deren Einsatzmöglichkeit als Machtfaktor, geschildert wurde, können hier nur angedeutet werden. Der beträchtliche Einfluß des Gesetzes gegen Wettbewerbsbeschränkungen[31] wurde bereits erwähnt. Im übrigen liegen die Ursachen vor allem in einer immer weiter gehenden Spezialisierung der Wirtschaftsverbände, vor allem der der Industrie, einerseits und in einer durch Konjunktur und Konzentration begünstigten Zunahme der Macht der Mitglieder andererseits. Aus der chemischen Industrie sind z. B. in Frankfurt am Main über 20 Wirtschaftsverbände ansässig, darunter etwa solche der Essigsäureindustrie, der Kunststoff-Boden- und Wandbelägeindustrie, der Kunststoff-Folien- und Beschichtungsindustrie, der Lackindustrie und der Dachpappenindustrie. Diese Spezialisierung der Verbände auf der einen und das breitgestreute Produktionsprogramm oder Sortiment vieler Unternehmen auf der anderen Seite zwingt die Verbände, um überhaupt existieren und um nach außen hin wirksam in Erscheinung treten zu können, sich zu bemühen, möglichst alle in Betracht kommenden Unternehmen zum Mitglied zu haben, d. h. einen möglichst hohen Organisationsgrad zu erreichen. Dem steht aber jeder Austritt und jeder Ausschluß eines Mitgliedes entgegen[32]. Die Unternehmen sind dagegen entsprechend ihrem Produktionsprogramm oder Sortiment oft Mitglied einer Vielzahl von Wirtschaftsverbänden[33] und dann auf

---

[28] Vgl. § 14 und Tab. 3.
[29] Vgl. oben § 27.
[30] Vgl. oben § 27.
[31] Vgl. *Hirsch*, Kontrolle wirtschaftlicher Macht, S. 38 f.
[32] Selbstbild, S. 101.
[33] Vgl. *Schneider*, S. 24.

die einzelne Mitgliedschaft schon deswegen weit weniger angewiesen, weil sie jeweils nur einen Teil des Geschäftsbereiches berührt. Hinzu kommen Überschneidungen der Aufgabenbereiche zwischen den zahlreichen Verbänden und damit eine gewisse Konkurrenz zwischen ihnen. Die gute Konjunkturlage, wie sie insgesamt gesehen die Wirtschaft im Untersuchungszeitraum kennzeichnet, führt nicht nur ebenso wie die Tatsache, daß häufig Verbandserfolge auch Nichtorganisierten zugute kommen, zu einer Organisationsmüdigkeit der Unternehmen[34], da es ihnen im allgemeinen ja gut geht. Die gute Konjunkturlage ermöglicht es unter diesen Umständen auch selbst kleinen Unternehmen oder Unternehmen, bei denen das Produktionsprogramm oder Sortiment beschränkt ist und bei denen eine Auseinandersetzung mit „ihrem" Wirtschaftsverband den gesamten Geschäftsbereich berührt, ziemlich unabhängig gegenüber dem Wirtschaftsverband aufzutreten, ja selbst aus ihm auszutreten bzw. damit zu drohen, weil auch sie sich in einer Außenseiterstellung halten können. Die Verbände müssen mit Außenseitern leben. Der Austritt und schon dessen häufig durchaus realistische Möglichkeit oder der Ausschluß eines Mitglieds schwächt auch ein autonomes Verbandsrecht, und zwar gerade am meisten dort, wo es von der größten Bedeutung ist, nämlich auf dem Gebiet des Wettbewerbs. Wie bereits oben[35] ausgeführt, kollidieren konkrete verbandsrechtliche Wettbewerbsregelungen schnell mit dem Gesetz gegen Wettbewerbsbeschränkungen. Deshalb kann ein ausgetretenes oder ausgeschlossenes Mitglied nicht nur eventuell wegen seiner Außenseiterposition, sondern auch durch eine Publizierung der Gesetzesverletzungen das Verbandsrecht bis zum Zusammenbruch bringen und besonders der Verbandsführung beträchtliche Unannehmlichkeiten bereiten. Es ist klar, daß im übrigen das Machtverhältnis zwischen ein und demselben Wirtschaftsverband und dessen einzelnen Mitgliedern je nach der Bedeutung des einzelnen Mitglieds für den Verband, d. h. im wesentlichen je nach dessen wirtschaftlicher Stärke und dessen meist davon bzw. vom Umsatz abhängiger Beitragshöhe[36], noch sehr verschieden ist.

Die geringe Bedeutung, die die Schiedsgerichtsbarkeit insbesondere als möglicher Machtfaktor in der Verbandspolitik hat, beruht zum anderen, wie es auch von den Befragten aus den Wirtschaftsverbänden wiederum sehr oft als zentraler Grund angegeben wurde, wesentlich auf der oben[37] dargestellten Verlagerung der Beendigung von Rechts-

---

[34] Vgl. Selbstbild, S. 94.

[35] § 23 a. E.; § 30.

[36] Vgl. *Schneider*, S. 28; Selbstbild, S. 98—100.

[37] § 29.

streitigkeiten durch Dritte von der Schiedsgerichtsbarkeit auf eine bloße Schlichtungstätigkeit, wo dann gerade auch die Verbandsführungen eine wesentliche Rolle spielen[38]. Diese Hinwendung zur Schlichtungstätigkeit speziell im Rahmen der Wirtschaftsverbände ist aus den oben für die Abneigung gegen die Schiedsrichtertätigkeit in kleinen Branchen dargelegten Gründen[39] grundsätzlich je größer, je kleiner[40] die Verbände sind, je enger also der persönliche Kontakt der Mitglieder untereinander und zur Verbandsführung ist. Im übrigen entspricht sie, vor allem wenn sie Auseinandersetzungen von Mitgliedern betrifft, mit ihrem Hinwirken auf den Ausgleich dem eigentlichen Zweck der Wirtschaftsverbände im Innenverhältnis, nämlich durch „Selbsthilfemaßnahmen ein natürliches Gegengewicht gegen die Kampftendenzen" in der Wirtschaft zu schaffen[41]. Das Durchsetzen von Machtpositionen im Rahmen der grundsätzlich formlosen und unkontrollierten und auch hinsichtlich des materiellen Ergebnisses überhaupt nicht rechtlich gebundenen Schlichtungstätigkeit der Wirtschaftsverbände ist wiederum eine Frage der Machtverhältnisse zwischen dem Verband und den einzelnen Mitgliedern, außerdem zwischen den streitenden Mitgliedern untereinander. Es kann hier nur durch die Persönlichkeit und Autorität der Schlichter begrenzt werden. Darauf über das bereits Ausgeführte hinaus noch näher einzugehen, würde den Rahmen der Untersuchung über die Schiedsgerichtsbarkeit sprengen.

Auf manchen Gebieten, insbesondere dem Handel und der Verarbeitung von landwirtschaftlichen Produkten, besteht bei einer ganzen Reihe von Wirtschaftsverbänden kein Bedürfnis nach einer eigenen Schiedsgerichtsbarkeit für Streitigkeiten der Mitglieder untereinander, weil die Mitglieder regelmäßig die Zuständigkeit bestimmter disponibler Schiedsgerichte von dritten Wirtschaftsverbänden, vor allem von Börsen oder Warenvereinen, vereinbaren. Das geschieht im wesentlichen wegen der größeren Erfahrung, die diese spezialisierten Schiedsgerichte nicht zuletzt durch ihre relativ häufige Inanspruchnahme in der Erledigung von Rechtsstreitigkeiten gewonnen haben[42]. Ebenfalls die größere Routine in der Abwicklung von Schiedsverfahren, dazu das Desinteresse vieler Wirtschaftsverbände an einer eigenen Schiedsgerichtsbarkeit und

---

[38] Vgl. § 29 und das von *Hirsch*, Kontrolle wirtschaftlicher Macht, S. 39 angeführte Beispiel.

[39] § 26.

[40] In dem oben, § 26 Anm. 6, dargelegten Sinn.

[41] *Lorenz*, S. 296; vgl. auch Selbstbild, S. 112, wonach bei Verbänden der Interessenausgleich im Sinn eines Kompromisses ganz allgemein die häufigste Art der Lösung von Interessengegensätzen ist.

[42] Vgl. z. B. die relativ hohe Zahl von Schiedsverfahren vor dem Schiedsgericht der Getreide- und Produktenbörse, oben § 12.

die völlig verbandsexterne Orientierung der Schiedsgerichtsbarkeit sind für die verhältnismäßig häufige Inanspruchnahme des Schiedsgerichts der Industrie- und Handelskammer[43] die wesentlichen Ursachen. Bemerkt sei noch, daß der weitgehende Mangel an eigenen Schiedsgerichten bei den Wirtschaftsverbänden nicht etwa, wie Haak[44] meint, auf der Kostenfrage beruht. Denn die Unkosten der Schiedsgerichtsbarkeit eines Wirtschaftsverbandes im Zusammenhang mit konkreten Schiedsverfahren sind regelmäßig von den Parteien zu erstatten, gleich ob in Form von Gebühren oder Auslagenersatz. Außerhalb von Schiedsverfahren sind die Kosten eines Verbandsschiedsgerichts im allgemeinen aber derart gering, daß sie praktisch nicht ins Gewicht fallen. — Das oben[45] erwähnte Fehlen einer eigenen Schiedsgerichtsbarkeit gerade bei den großen Wirtschaftsverbänden schließlich liegt einmal daran, daß es sich bei ihnen meist um Spitzenverbände handelt, d. h. Verbände, die wiederum nur Verbände, meist Landes- oder Spezialverbände, als Mitglieder haben. Bei Auseinandersetzungen mit oder zwischen ihnen besteht grundsätzlich kein Bedürfnis nach der Einschaltung von Schiedsgerichten zur Beendigung dieser Auseinandersetzungen, im wesentlichen weil hier, vor allem über Ausschüsse[46], im Wege der Abstimmung entschieden wird. Für ihre nur mittelbaren Mitglieder, d. h. die Mitglieder der Unterverbände, jedoch schaffen die Spitzenverbände nur ausnahmsweise eigene Schiedsgerichtsbarkeiten, meist wird das völlig den Unterverbänden selbst überlassen.

Insgesamt ergibt sich, daß die Verbandsschiedsgerichtsbarkeit nicht nur als Machtfaktor zur Durchsetzung von am Rande oder außerhalb des Rechts liegenden Verbandsinteressen gegenüber den Mitgliedern heute ungeeignet, sondern allgemein eher von Nachteil denn von Vorteil für die wirtschaftlichen Interessenverbände und dementsprechend von keiner großen Bedeutung ist.

II. Der Machtfaktor besonders außerhalb der Verbandsschiedsgerichtsbarkeit

§ 31: Inwieweit sich eine der Parteien kraft ihrer stärkeren Machtposition in einem Schiedsverfahren durchzusetzen vermag, hängt entscheidend von der Bildung und Zusammensetzung des Schiedsgerichts ab. Das gleiche gilt für die Frage, ob und inwieweit außerhalb oder am Rande des Rechts liegende wirtschaftliche Machtfaktoren im Rah-

---

[43] § 12.

[44] a.a.O., S. 19.

[45] § 10 Anm. 1.

[46] Vgl. *Schneider*, S. 84.

men des Schiedsgerichtswesens außerhalb der Interessenverbände bzw. unabhängig von der Tatsache, daß es sich unter Umständen um Verbandsschiedsgerichte handelt, in der Wirtschaft Berücksichtigung finden. Die diesbezüglichen Bestimmungen sind bei den von Unternehmen selbst getroffenen Regelungen wie bei denen der Interessenverbände für Streitigkeiten der Mitglieder untereinander oder mit oder von Dritten generell derart neutral gehalten[1], daß sie keiner Partei, insbesondere auch nicht bei von den Parteien ernannten, im wesentlichen als Parteivertreter handelnden und entscheidenden Schiedsrichtern[2], einen überwiegenden Einfluß auf das Schiedsgericht einräumen[3]. Nicht ein einziges Mal wurde mir denn auch unter den zahlreichen kritischen Stimmen zur Schiedsgerichtsbarkeit ein solcher überwiegender Einfluß einer Partei als Grund zur Kritik genannt, wie denn überhaupt das Argument, das wirtschaftlich stärkere Unternehmen könne seine Überlegenheit zur Unterwerfung unter ein für sich günstiges Schiedsgericht oder auch Schiedsverfahren ausnutzen, bei den Befragten nie auftauchte. Der entscheidende Grund dafür ist, daß es zur Geltendmachung von wirtschaftlichen Machtpositionen in Rechtsstreitigkeiten unabhängig von der Gestaltung von Schiedsgericht oder Schiedsverfahren im einzelnen viel geeignetere, d. h. vor allem weniger formale, weniger kontrollierte und weit wirksamere Mittel und Wege als die Schiedsgerichtsbarkeit gibt. Sowohl dadurch als auch durch den Rückgang der Schiedsgerichtsbarkeit ganz allgemein ist § 1025 Abs. 2 ZPO von keiner aktuellen Bedeutung. Die Geltendmachung der wirtschaftlich stärkeren Machtposition erfolgt bei Rechtsstreitigkeiten in erster Linie durch die Drohung mit der Einschränkung der Geschäftsbeziehungen in vielerlei Abstufungen[4] bis zum völligen Abbruch. Zwar ist auch die Wirkung dieser Drohung in Zeiten einer derart guten Konjunktur, da man im allgemeinen weniger auf den einzelnen Kunden angewiesen ist, generell vermindert. Die Antworten der Befragten

---

[1] Vgl. §§ 6, 14; Tab. 3.

[2] Vgl. oben § 24.

[3] Nur unter diesen Umständen kann dann auch *Grimm-Rochlitz*, a.a.O., S. 13 Anm. 2, gefolgt werden, wonach die mangelnde Objektivität der von den Parteien ernannten Schiedsrichter „für alle Beteiligten so offenkundig (ist), daß man es unbedenklich der Entschließung der Parteien überlassen kann, ob sie ein (staatl.) Gericht vorziehen wollen, dessen sämtliche Mitglieder ihnen ganz fernstehen und dafür ein Optimum an Objektivität gewährleisten, oder ob sie sich lieber einem Kreis ausgewählter Persönlichkeiten anvertrauen wollen, obwohl dabei nur beim Obmann dieses Optimum an Objektivität zu erwarten ist."

[4] So nennt *Devin*, a.a.O., S. 20, 23, beispielsweise als Grund für das Fehlen von Schiedsklauseln speziell in Bierlieferungsverträgen u. a. die Möglichkeit der Kündigungsdrohung für die Brauereien bezüglich der von ihnen regelmäßig durch Grundschulden und sofortige Unterwerfung unter die Zwangsvollstreckung gesicherten Darlehen.

aus der Wirtschaft ergaben jedoch eindeutig, von welcher beträchtlichen Wirksamkeit diese Drohung auch unter derartigen Umständen, also nicht nur in den von der guten Konjunkturlage weniger begünstigten Branchen wie der Textilwirtschaft, grundsätzlich noch ist. Diese Drohung ist natürlich um so wirksamer, je stärker der Drohende nicht nur allgemein, sondern gerade auch im Rahmen der konkreten Geschäftsverbindung etwa als Lieferant oder Abnehmer ist. Man vergegenwärtige sich dafür z. B. nur die Position eines Konfektionsbetriebes von einigen Hundert Beschäftigten, also immerhin mittlerer Größe in dieser Branche, gegenüber einem als Abnehmer auftretenden Kaufhauskonzern. Wie man sich in der Wirtschaft zur Geltendmachung von wirtschaftlichen Machtpositionen in Rechtsstreitigkeiten weit geeigneterer Mittel als der Schiedsgerichtsbarkeit bedient, so sieht man umgekehrt häufig auch deshalb im Anrufen von Schiedsgerichten bereits einen ausreichenden Grund, die Geschäftsbeziehungen einzuschränken oder abzubrechen[5], weil eben im Schiedsverfahren die wirtschaftlichen Machtpositionen im allgemeinen jedenfalls schwieriger zur Geltung zu bringen sind. In der Drohung, die Geschäftsbeziehungen einzuschränken oder abzubrechen, mit allen ihren Abstufungen ist auch der eine Hauptgrund dafür zu sehen, daß bei Großunternehmen Schiedsverfahren besonders selten sind[6]. Der andere ist dagegen der, daß die Durchführung eines Schiedsverfahrens gerade bei den Großunternehmen bereits als so unwirtschaftlich angesehen wird, daß man es hier einfach generell nicht bis zu einem Schiedsverfahren kommen läßt. Das wird besonders deutlich in der Tatsache, daß es speziell zwischen Großunternehmen untereinander, wo die Machtpositionen im allgemeinen relativ ausgeglichen sind, praktisch nie zu Schiedsverfahren kommt. Die Bereitschaft zum Vergleich[7] wird hier außerdem noch durch die wirtschaftliche und persönliche Verflechtung und das häufige gegenseitige Kennen der entscheidenden Leute erhöht.

Im Rahmen der fiskalischen Betätigung der öffentlichen Hand besteht gegenüber der Schiedsgerichtsbarkeit eine besonders ausgeprägte Zurückhaltung, wie sie sich beispielsweise ausdrückt in der Tatsache, daß in der auch von der öffentlichen Hand viel beschäftigten Bauindustrie zwar häufig Schiedsklauseln in Verträgen mit den Bauherrn vorkommen, aber fast durchweg nur, wenn es sich um private Auftrag-

---

[5] Vgl. oben § 29.

[6] Vgl. § 4.

[7] Speziell zu Rechtsstreitigkeiten im Rahmen von Rückversicherungsverträgen, die ja nur zwischen Versicherungsunternehmen abgeschlossen werden und regelmäßig eine Schiedsklausel enthalten, vgl. oben § 2, 2 und *Büchner*, S. 137, wonach diese Streitigkeiten praktisch durchweg zwischen den Unternehmen gütlich beigelegt werden.

geber handelt[8]. Hier erklärt sich diese Zurückhaltung jedoch aus einer Spannung zwischen dem Staat und der mit seiner eigenen Gerichtsbarkeit konkurrierenden privaten Schiedsgerichtsbarkeit, teilweise speziell aus dem Gesetz über die schiedsgerichtliche Erledigung privatrechtlicher Streitigkeiten des Reiches und der Länder vom 10. Oktober 1933[9]. Danach bedarf der Abschluß von Schiedsklauseln des Bundes und der Länder der Zustimmung der obersten Finanzbehörden (§§ 1, 3). Für Schiedsklauseln im Rahmen von Baumaßnahmen des Bundes ist z. B. gemäß Ziff. 43 der vorläufigen VOB-Richtlinien (des Bundes) die Zustimmung des Bundesministers der Finanzen nötig[10].

Im Vergleich zu dem im Durchschnitt ausgesprochen seltenen Vorkommen von Schiedsverfahren[11] sind auch die absolut geringen Zahlen von Vollstreckungsverfahren oder Aufhebungsklagen[12] nicht erstaunlich niedrig. Die Erfüllung eines für unrichtig gehaltenen Schiedsspruchs hängt zum ersten vom Ansehen der Schiedsrichter selbst, also wesentlich von der Bildung und Zusammensetzung des Schiedsgerichts ab. Darüber hinaus aber ist es eine Frage des sorgfältigen und nüchternen Abwägens aller Vor- und Nachteile im Rahmen der realen Machtsituation und der Chancen, nach den §§ 1041 f. ZPO überhaupt gegen den Schiedsspruch angehen zu können, ob ein für unrichtig gehaltener Schiedsspruch befolgt wird oder nicht oder ob er zwar akzeptiert wird, aber unter gleichzeitiger Ziehung entsprechender Konsequenzen wie Verbandsaustritt oder nunmehrigem Abbruch der Geschäftsbeziehungen, wenn und soweit diese noch bestehen.

Wie man Schiedsverfahren scheut, wo durch sie der Fortbestand der Geschäftsbeziehungen gefährdet ist, so läßt man umgekehrt, wo man an sich generell Wert auf eine Schiedsvereinbarung legt, etwa bei Lizenzverträgen, ein Geschäft von einiger Bedeutung selbst im internationalen Geschäftsverkehr kaum jemals allein deswegen scheitern, weil die Gegenseite die Schiedsklausel auf keinen Fall akzeptieren will. Das ist die Schiedsklausel nach dem Dargelegten meist unter keinem Gesichtspunkt wert.

Der geschilderten geringen praktischen Bedeutung der Schiedsgerichtsbarkeit als Machtfaktor im Untersuchungszeitraum entspricht es, daß sich im Rahmen von Allgemeinen Geschäftsbedingungen mit der für sie neben der Rationalisierungstendenz typischen Machtverstär-

---

8 Vgl. oben § 3.

9 RGBl. 1933 I, S. 722 f.

10 Zitiert bei *Ingenstau-Korbion*, A § 10 Anm. 40.

11 Vgl. auch oben §§ 4, 12.

12 Vgl. oben §§ 7, 16; Tab. 6 und 7.

kungstendenz[13] Schiedsklauseln wie oben[14] dargestellt, in der Textilwirtschaft und im Handel mit landwirtschaftlichen Erzeugnissen verbreitet, im übrigen heute aber sehr selten finden. Dabei handelt es sich dann noch ganz überwiegend um Verbandsgeschäftsbedingungen, die öfters von den Verbänden aller von den Allgemeinen Geschäftsbedingungen Betroffenen gemeinsam geschaffen wurden, so daß dann auch die Machtverstärkungstendenz entfällt. Soweit die Allgemeinen Geschäftsbedingungen für Geschäfte mit Nichtkaufleuten, also in erster Linie für Endabnehmer von Massenprodukten und Konsumgütern gedacht sind, scheitert die Aufnahme von Schiedsklauseln in die Allgemeinen Geschäftsbedingungen schon an dem Formerfordernis des § 1027 ZPO. Das gilt nicht zuletzt für den Einzelhandel, wo die Aufnahme von Schiedsklauseln in Allgemeine Geschäftsbedingungen allerdings auch schon vor der Einführung des Formerfordernisses des § 1027 ZPO im Jahre 1933 unüblich war[15].

Zusammenfassend ist demnach festzustellen, daß jenseits oder am Rande des Rechts liegende wirtschaftliche Machtfaktoren auch außerhalb der Interessenverbände im Schiedsgerichtswesen der Wirtschaft heute nicht entscheidend durchgesetzt werden, und zwar in erster Linie deshalb, weil es, um dieses Ziel zu erreichen, wesentlich geeignetere Mittel und Wege als die Schiedsgerichtsbarkeit gibt.

---

[13] *Raiser*, S. 19 ff.

[14] § 2, 3; § 10, 1.

[15] *Raiser*, S. 98 Anm. 1.

G. Die Ursachen der Bedeutung der Schiedsgerichtsbarkeit im internationalen Wirtschaftsverkehr

§ 32: Von weit größerer Bedeutung als im inländischen Geschäftsverkehr ist die Schiedsgerichtsbarkeit im internationalen Wirtschaftsverkehr[1], wo ihre Bedeutung überdies ständig wächst. Die Ursachen für die wichtige Rolle, die die Schiedsgerichtsbarkeit hier spielt, liegen einmal in einer besonders deutlichen Ausprägung verschiedener Vorteile, die im Laufe der bisherigen Ausführungen unter dem Gesamtaspekt der wesentlich wirtschaftlichen Betrachtungsweise von Rechtsstreitigkeiten erörtert worden sind. So zeigt sich für den internationalen Rechtsverkehr, daß Schiedsverfahren auch im Vergleich zur Dauer von nur einer Instanz bei den hier sehr langsamen Verfahren vor den staatlichen Gerichten im allgemeinen wesentlich schneller abgewickelt werden. Selbst bei den im internationalen Schiedsgerichtswesen bereits relativ lang dauernden und von den Befragten auch wiederholt in dieser Hinsicht kritisierten Verfahren nach der Schiedsgerichtsordnung der Internationalen Handelskammer in Paris ergibt sich, daß etwa 50 % der Verfahren nur 6—12 Monate, rund 38 % zwischen 12 und 18 Monaten und ungefähr 12 % über 18 Monate dauern[2]. Internationale Schiedsverfahren sind im Vergleich zu den Kosten auch nur einer Instanz bei den Verfahren vor den staatlichen Gerichten auch generell wesentlich billiger, was in erster Linie das in dieser Relation viel weniger komplizierte Schiedsverfahren verursacht, unter Umständen aber auch auf einer beträchtlichen Ersparnis außergerichtlicher Kosten beruhen kann. Bei Pozessen in Frankreich z. B., weil dort jede Partei schon zwei Anwälte — den avocat und den avoué[3] — bezahlen muß, und auch bei der Rechtsverfolgung vor den staatlichen Gerichten die

---

[1] Vgl. oben § 2, 3; sowie, auch zum folgenden, *Blomeyer*, A., § 124 II 2 S. 707; *Glossner*, AWD des BB 1960, S. 73; *Grimm-Rochlitz*, S. 17 Anm. 13; *Köhn*, KTS 1956, S. 129; *Mathies*, Die Schiedsgerichte des Großhandels, S. 299; *Müller-Gries*, § 91 Anm. 7; *Schottelius*, Die kaufmännische Schiedsgerichtsbarkeit, S. 17; ders., Die internationale Schiedsgerichtsbarkeit, S. 23 ff., sowie *Baumbach-Schwab*, Kap. 30 A I S. 229 f., die beiden letzteren mit weiteren Nachweisen.

[2] Guide to ICC Arbitration, S. 14.

[3] Vgl. dazu *Dalloz*, Stichwort „Avocat", Anm. 166 ff., Stichwort „Avoué, Anm. 1.

eigenen außergerichtlichen Kosten grundsätzlich von jeder Partei selbst zu tragen sind[4].

Weitere, von vielen Befragten auch angeführte Ursachen für die wichtige Rolle, die die internationale Schiedsgerichtsbarkeit in der Wirtschaft spielt, sind die für die Geschäftsleute oft völlig unverständliche Gerichtsorganisation und Rechtssprache ihnen fremder Staaten und das bereits daraus oft entstehende Mißtrauen gegenüber deren Gerichtsbarkeiten; sodann die selbst innerhalb der Europäischen Wirtschaftsgemeinschaft noch große Rechtszersplitterung mit der daraus resultierenden Unübersichtlichkeit des Rechts und allen Problemen der verschiedenen internationalen Privatrechte sowie schließlich die teilweise immer noch beträchtliche offene oder versteckte Benachteiligung von Ausländern bei der Austragung von Rechtsstreitigkeiten vor den Gerichten vieler Staaten und die im allgemeinen beträchtlichen Schwierigkeiten bei der Vollstreckung staatlicher Urteile im Ausland. Dabei kommt es im internationalen Geschäftsverkehr relativ oft vor, daß selbst gegenüber ausländischen Unternehmen von Weltruf — ihren Ruf pflegen sie dann anderweitig — zur Erfüllung von Urteilen staatlicher Gerichte ebenso wie von Schiedsgerichtsentscheidungen mit der Inanspruchnahme staatlicher Vollstreckungsmaßnahmen gedroht werden muß, wofür eine gesicherte Vollstreckbarkeit die Voraussetzung ist.

Die zu einer erheblichen Rechtsunsicherheit führenden, zahlreichen Nachteile und Schwierigkeiten, die das staatliche Rechnungswesen für den internationalen Rechtsverkehr mit sich bringt, lassen sich auf dem Wege der Schiedsgerichtsbarkeit zu einem guten Teil ausschalten[5]. Denn trotz vieler Unterschiede in der Gestaltung im einzelnen haben sich vor allem durch die großen Schiedsgerichtssysteme, wie die der American Arbitration Association, der Internationalen Handelskammer oder des London Court of Arbitration, international weitgehend anerkannte, relativ einfache und für die Geschäftsleute im wesentlichen verständliche Verfahrensregelungen entwickelt. In deren Rahmen kommen dann teilweise, insbesondere auf verschiedenen Gebieten des Handels mit landwirtschaftlichen Produkten, noch festgegründete, den nationalen Rechten vorgehende Branchenrechte zur Anwendung[6]. Außerdem wird allgemein durch ein mehr oder weniger starkes Lösen der Schiedsrichter von der Bindung an ein bestimmtes nationales

---

[4] Vgl. oben § 22.

[5] Vgl. *Blomeyer*, A., § 124 II 2 S. 707; *Blomeyer*, K., S. 55; *Baumbach-Schwab*, Kap. 30 A I S. 229; *Grimm-Rochlitz*, S. 17 Anm. 13; *Schottelius*, Die kaufmännische Schiedsgerichtsbarkeit, S. 17; ders., Die internationale Schiedsgerichtsbarkeit, S. 23; *Köhn*, KTS 1956, S. 129 f.; *Schröder*, S. 15.

[6] Vgl. *Grimm-Rochlitz*, S. 17 Anm. 13.

materielles Recht nicht selten[7] die Beendigung internationaler Rechtsstreitigkeiten vereinfacht.

Weiterhin lassen sich die Schiedsgerichte im internationalen Geschäftsverkehr so zusammensetzen, daß sie für keine der Parteien ein ausländisches Gericht sind. Das ist nach allen mir bekannt gewordenen Schiedsklauseln von Unternehmen im internationalen Geschäftsverkehr der Fall, soweit die Schiedsklauseln nicht einfach auf ein internationales Schiedsgericht verweisen, sondern eine eigene Regelung enthalten. Bei den speziell für den internationalen Geschäftsverkehr bestimmten institutionellen Schiedsgerichten ist die Regelung auch überwiegend entsprechend neutral gehalten, etwa nach der außer mit Ostblockländern sehr häufig vereinbarten[8] Vergleichs- und Schiedsordnung der Internationalen Handelskammer, die eine neutrale Besetzung des Schiedsgerichts garantiert (Art. 7). Wenn nach der Schiedsordnung der jugoslawischen Außenhandelsarbitrage in Belgrad unter Umständen alle Schiedsrichter jugoslawische Staatsangestellte (eventuell aus Staatsbetrieben) sind[9], so ist eine derartige Besetzung eines Schiedsgerichts im internationalen Geschäftsverkehr eine Ausnahme.

Auf die Bestimmung des Tagungsortes des Schiedsgerichts[10] wird im internationalen Geschäftsverkehr meist großer Wert gelegt, um möglichst die Vollstreckbarkeit eines eventuellen Schiedsspruchs in den Ländern beider Parteien bzw. bei der Gegenpartei zu sichern. Denn die Vollstreckbarkeit hängt entscheidend von der Nationalität des Schiedsspruchs ab, die sich in den common-law-Ländern nach dem Tagungsort des Schiedsgerichts, nach deutschem Recht nach dem auf das Schiedsverfahren anzuwendenden bzw. tatsächlich angewandten nationalen Verfahrensrecht, das in der internationalen Schiedsgerichtsbarkeit wiederum überwiegend das des Tagungsortes des Schiedsgerichts ist, richtet[11]. Entsprechend entscheidet beispielsweise der Schiedsgerichtshof der Internationalen Handelskammer, wenn er nach Art. 18 der Vergleichs- und Schiedsordnung das Land, in dem das Schiedsverfahren stattfinden soll, zu bestimmen hat, vor allem so, daß die Vollstreckbarkeit des Schiedsspruchs möglichst weitgehend für beide Parteien gesichert ist. Er ist dazu wie die Schiedsrichter gemäß Art. 31

[7] Vgl. oben § 7.

[8] Vgl. oben § 2, 3; zur neutralen Gestaltung der Schiedsklauseln im Geschäftsverkehr mit Ostblockländern vgl. in diesem Zusammenhang § 6 Anm. 21 und als Ausnahme das folgende Beispiel.

[9] Vgl. den vom OLG Frankfurt am Main, AWD des BB 1960, S. 217, entschiedenen Fall.

[10] Vgl. oben § 7.

[11] Vgl. statt aller BGH 21, S. 365 (365, 370) = NJW 1956, S. 1838 = JZ 1957, S. 26 mit Anmerkung von *Habscheid*; *Baumbach-Schwab*, Kap. 30 B I S. 231.

der Vergleichs- und Schiedsordnung der Internationalen Handelskammer ausdrücklich verpflichtet. Nach dieser Vorschrift ist „mit allen Mitteln darauf hin-(zuwirken), daß die Vollstreckbarkeit des Schiedsspruchs gesichert ist".

Mit dem Genfer Protokoll über die Schiedsklauseln im Handelsverkehr vom 24. September 1923, dem Genfer Abkommen zur Vollstrekkung ausländischer Schiedssprüche vom 26. September 1927, dem UN-Übereinkommen über die Anerkennung und Vollstreckung ausländischer Schiedssprüche vom 10. Juni 1958, das die beiden Genfer Verträge ersetzen soll[12], und dem Europäischen Übereinkommen über die Handelsschiedsgerichtsbarkeit[13] sowie einer Reihe bilateraler Abkommen, u. a. mit den USA und der Sowjetunion[14], gibt es schließlich eine ganze Reihe bedeutender internationaler vereinfachender und erleichternder Bestimmungen auf dem Gebiet des Schiedsgerichtswesens, einschließlich der Frage der Vollstreckbarkeit der Schiedssprüche. Sie erhöhen die Praktikabilität der Schiedsgerichtsbarkeit im Rahmen des internationalen Geschäftsverkehrs noch und lassen damit das Schiedsgerichtswesen noch weiter gegenüber der staatlichen Gerichtsbarkeit im internationalen Bereich von Vorzug sein. Das gilt vor allem im Hinblick auf die Frage der Vollstreckbarkeit der Entscheidungen. Denn sie ist für die staatlichen Gerichte, abgesehen von reinen Kostenentscheidungen, für Deutschland nur im Verhältnis zu 8 Ländern durch bilaterale Abkommen oder auf Grund der Verbürgung der Gegenseitigkeit (§§ 722 f., 328 Abs. 1 Ziff. 5 ZPO) gesichert, und zwar derart, daß in diesen Ländern wie nach der Zivilprozeßordnung (§§ 723, 328 ZPO) keine au - fond - Prüfung mehr stattfindet[15]. Dagegen ist allein das UN-Übereinkommen über die Anerkennung und Vollstreckung ausländischer Schiedssprüche im Verhältnis zu 26 Ländern[16], wenn teilweise auch unter Vorbehalt, in Kraft. Freilich ist auch im Rahmen der internationalen Schiedsgerichtsbarkeit die Vollstreckbarkeit der Schiedssprüche häufig noch immer der wunde Punkt, indem etwa, wenn und soweit nicht die internationalen Verträge eingreifen, die Voraussetzungen für die Vollstreckbarkeit im Lande des Gegners schon deshalb nicht erfüllt werden können, weil sie gar nicht zuverlässig zu erfahren sind.

---

12 Siehe den Text und zum Geltungsbereich dieser Kollektivverträge *Baumbach-Schwab*, S. 21 ff., Kap. 32 und 33 S. 242 ff.; *Baumbach-Lauterbach*, Einl. IV 2 D vor § 1, Anhang nach § 1044.

13 Vgl. dessen Text BGBl. 1964 II S. 426 ff. Für die Bundesrepublik ist es seit dem 25. 1. 1965 in Kraft, BGBl. II S. 107.

14 Siehe dazu *Baumbach-Schwab*, S. 45 ff. und Kap. 34 S. 272 ff.; *Baumbach-Lauterbach*, Anhang nach § 1044.

15 Vgl. *Baumbach-Lauterbach*, Anhang zu § 723 und zu § 328.

16 *Baumbach-Lauterbach*, Einl. IV 2 D vor § 1.

Der Rechtszersplitterung und der damit verbundenen Rechtsunsicherheit im internationalen Geschäftsverkehr läßt sich zwar bereits ohne die Schiedsgerichtsbarkeit durch die Vereinbarung des auf die internationalen Verträge anzuwendenden Rechts begegnen[17]. Abgesehen von den dann aber immer noch verbleibenden organisatorischen Schwierigkeiten bei internationalen Prozessen vor staatlichen Gerichten, kann im Rahmen von Schiedsklauseln den Schiedsgerichten darüber hinaus ein Ermessen für die materielle Entscheidung eingeräumt werden[18]. Außerdem eignen sich Schiedsvereinbarungen gerade im internationalen Geschäftsverkehr durch die Vereinbarung einer fremden Rechtsordnung oder der bloßen Billigkeit als materieller Entscheidungsgrundlage auch vorzüglich zur Ausschaltung der Wirksamkeit zwingender wirtschaftsrechtlicher Bestimmungen bestimmter Länder. Das ist dann wiederum wirksamer als bloße Rechtsvereinbarungen, auch wenn diese noch mit Zuständigkeitsvereinbarungen verbunden werden. Denn dann, wenn es nicht zu Aufhebungs- oder Vollstreckungsverfahren kommt[19], ist die staatliche Gerichtsbarkeit und damit auch insoweit jede staatliche Kontrolle durch derartige Schiedsklauseln gänzlich ausgeschaltet. Dieser Zweck von Schiedsklauseln wird freilich von den Beteiligten dem Außenstehenden allenfalls einmal angedeutet.

Zusammenfassend ist im Hinblick auf die beträchtliche Bedeutung der Schiedsgerichtsbarkeit im internationalen Wirtschaftsverkehr festzustellen, daß die Schiedsgerichtsbarkeit in diesem Rahmen zahlreiche und große Vorteile gegenüber der staatlichen Gerichtsbarkeit hat. Mit der Schiedsgerichtsbarkeit kann insbesondere den großen Nachteilen der Rechtszersplitterung, d. h. der Verschiedenheit der Rechts- wie der Gerichtssysteme, weitgehend begegnet werden. Die ständige Ausdeh-

---

[17] *Raape*, § 40 II, III S. 456 ff.; *Gamillscheg*, S. 303 ff.

[18] Vgl. oben § 32 mit Anm. 7.

Vereinbart man die Anwendung des Rechts des Beklagten, wie es manchmal geschieht, vgl. oben § 7, so soll das von der Erhebung auch einer Schiedsklage abhalten.

[19] In solchen Verfahren ist im inländischen wie im internationalen Geschäftsverkehr von der Unwirksamkeit derartiger Schiedsklauseln gemäß § 1025 Abs. 1 ZPO auszugehen; denn an den zwingenden gesetzlichen Vorschriften, etwa dem § 1 GWB, findet die Privatautonomie, damit das Recht zum Vergleichsschluß und damit auch das Recht zur Vereinbarung der schiedsgerichtlichen Zuständigkeit ihre Grenze, vgl. BGH 29, S. 120 (125) = Betr. 1959, S. 318 f.; BGH, LM Nr. 1 zu § 199 AktG; *Baumbach-Schwab*, Kap. 3 II a S. 64; *Blomeyer, A.*, § 125 I 1 S. 709; *Blomeyer*, K., S. 63; *Habscheid*, KTS 1959, S. 113 (114); *Kessler*, S. 47 f.; *Schwab*, KTS 1961, S. 20 f.; vgl. auch oben § 7 Anm. 24. Darüber hinaus kommt eine Nichtigkeit derartiger Schiedsklauseln wie eine Aufhebbarkeit auf ihnen beruhender Schiedssprüche (§ 1041 Abs. 1 Nr. 2 ZPO) wegen Verstoßes gegen den ordre public in Betracht, vgl. *Köhn*, KTS 1956, S. 135 ff.; vgl. auch *Raape*, § 40 III 2 S. 466.

nung der internationalen Geschäftsbeziehungen führt zu einer anhaltenden Zunahme der Bedeutung der Schiedsgerichtsbarkeit im internationalen Geschäftsverkehr.

H. Zusammenfassung des zweiten Teiles

§ 33

1. Im Rahmen des internationalen Geschäftsverkehrs läßt sich pauschal von einer kürzeren Dauer der Schiedsverfahren gegenüber der Dauer der Prozesse vor den ordentlichen Gerichten sprechen.

Im übrigen trifft eine derartige Aussage nur zu, wenn man die Dauer regelmäßig eininstanzlicher Schiedsverfahren mit der durch zwei oder drei Instanzen geführten Prozesse vor den ordentlichen Gerichten vergleicht. Bei diesem Vergleich ist zu bedenken, daß auch die meisten Prozesse vor den ordentlichen Gerichten mit der ersten Instanz enden.

Wesentlich ist, daß die Parteien, wo Schiedsklauseln abgeschlossen sind, für den konkreten Streitfall mit einer einigermaßen bestimmten Dauer, die dank der Beschränkung auf eine Instanz wesentlich kürzer ist als bei Prozessen vor den ordentlichen Gerichten, fest rechnen können.

(vgl. §§ 21, 32)

2. Es gibt, außer im internationalen Geschäftsverkehr, keinen in der Kostenersparnis liegenden generellen Vorteil des Schiedsgerichtswesens gegenüber der ordentlichen Gerichtsbarkeit. Schiedsverfahren sind oft erheblich teurer als Prozesse vor den ordentlichen Gerichten.

Die Verkleinerung des Kostenrisikos durch die regelmäßige Beschränkung der Schiedsverfahren auf bloß eine Instanz wird überdeckt von dem dadurch vergrößerten materiellen Risiko einer unrichtigen Entscheidung.

(vgl. §§ 22, 32)

3. Der generelle Ausschluß der Öffentlichkeit von den Schiedsverfahren kommt der konkurrenz- wie mentalitätsbedingten Abneigung der Wirtschaft gegen die Publizität in Rechtsstreitigkeiten stark entgegen.

(vgl. § 23)

4. Im Hinblick auf die Richter bietet die Schiedsgerichtsbarkeit den bedeutenden Vorteil, die Ernennung wesentlich die wirtschaftliche

Betrachtungsweise verwirklichender, sachverständiger und branchenkundiger Schiedsrichter zu ermöglichen.

Dem steht der schwerwiegende Nachteil häufiger Parteilichkeit der Schiedsrichter gegenüber. Diesem wird oft durch bestimmte Ernennungsmodalitäten, vor allem für die Bestellung eines möglichst objektiven Vorsitzenden, oft eines Juristen, entgegengewirkt. Das hat in vielen Fällen zum Ergebnis, daß der Schiedsgerichtsvorsitzende der eigentliche und einzige Richter ist.

Das Rechnenkönnen mit einer nach Verfahren und Lösung wirtschaftlich betrachtet sachnahen Entscheidung für den eventuellen Streitfall verleiht der Schiedsgerichtsbarkeit wiederum auch da beträchtlichen Wert, wo es bei der Schaffung von Schiedsklauseln bleibt und nicht zu Schiedsverfahren kommt.

(vgl. §§ 24—27)

5. Das Schwergewicht für die Beendigung von Rechtsstreitigkeiten wird in der Wirtschaft nicht auf eine Entscheidung, sondern auf das Herbeiführen einer neuen Übereinstimmung gelegt. Daher hat die meist ganz formlose Schlichtungstätigkeit in der Wirtschaft eine hervorragende, auch die Schiedsgerichtsbarkeit zurückdrängende Bedeutung erlangt. Im Untersuchungszeitraum wurde das durch die gute Konjunkturlage stark begünstigt.

(vgl. § 29)

6. Die Verbandsschiedsgerichtsbarkeit ist heute als Machtfaktor zur Durchsetzung von am Rande oder außerhalb des Rechts liegenden Verbandsinteressen gegenüber den Mitgliedern ungeeignet. Sie ist darüber hinaus allgemein eher von Nachteil denn von Vorteil für die wirtschaftlichen Interessenverbände.

(vgl. § 30).

7. Auch außerhalb der wirtschaftlichen Interessenverbände werden heute jenseits oder am Rande des Rechts liegende wirtschaftliche Machtfaktoren im Schiedsgerichtswesen der Wirtschaft nicht entscheidend durchgesetzt. Um dieses Ziel zu erreichen, gibt es wesentlich geeignetere Mittel und Wege als die Schiedsgerichtsbarkeit.

(vgl. § 31)

8. Im Hinblick auf den internationalen Wirtschaftsverkehr hat die Schiedsgerichtsbarkeit gegenüber der ordentlichen Gerichtsbarkeit zahlreiche und große Vorteile. Mit der Schiedsgerichtsbarkeit kann insbesondere den großen Nachteilen der Rechtszersplitterung, d. h. der Verschiedenheit der Rechts- wie der Gerichtssysteme, weitgehend begegnet werden.

Die ständige Ausdehnung der internationalen Geschäftsbeziehungen führt zu einer anhaltenden Zunahme der Bedeutung der Schiedsgerichtsbarkeit im internationalen Geschäftsverkehr.

(vgl. § 32)

Anhang

Tabelle 1 zu § 13

Die sachliche Zuständigkeit der Schiedsgerichte wirtschaftlichlicher Interessenverbände

Spalte	1	2	3	4	5	6	7
	Wirtschaftsverbände mit obligatorischen Schiedsgerichten	Wirtschaftsverbände mit fakultativen Schiedsgerichten	Wirtschaftsverbände mit disponiblen Schiedsgerichten	Wirtschaftsverbände insgesamt (Zusammenfassung der Sp. 1-3)	Kartelle	Kammern und Börsen	Interessenverbände insgesamt (Zusammenfassung der Sp. 4-6)
Zahl der erfaßten Schiedsgerichte	22	11	9	42	13	5	60
Davon sind zuständig bei							
I. Verstößen gegen die Satzung oder den Gesellschaftsvertrag und auf deren Grundlage ergangene Beschlüsse oder Anordnungen[a)]	12	7	—	19	13	—	32
II. Verstößen wettbewerbsrechtlicher Art	7	6	—	13	—	—	13
III. Schädigung des Ansehens oder der Interessen des Interessenverbandes oder des Berufes	4	—	—	4	—	—	4

Fortsetzung *Tabelle 1 zu § 13*

Spalte	1	2	3	4	5	6	7
	Wirtschaftsverbände mit obligatorischen Schiedsgerichten	Wirtschaftsverbände mit fakultativen Schiedsgerichten	Wirtschaftsverbände mit disponiblen Schiedsgerichten	Wirtschaftsverbände insgesamt (Zusamsamfassung der Sp. 1-3)	Kartelle	Kammern und Börsen	Interessenverbände insgesamt (Zusammenfassung der Sp. 4-6)
IV. Streitigkeiten aus im Rahmen des Geschäftsverkehrs abgeschlossenen Verträgen, soweit diese Streitigkeiten nicht schon unter I bis III fallen	5	7	9	21	—	5	26
V. Streitigkeiten über die Wirksamkeit des gesamten oder von Teilen des Rechtsverhältnisses, dessen Funktionieren die Schiedsklausel dient[b)]	1	2	4	7	2	4	13
VI. Streitigkeiten über die Zuständigkeit (Kompetenz-Kompetenz[c)])	—	—	1	1	—	1	2

a) Meist werden in den Schiedsklauseln bzw. Schiedsgerichtsordnungen neben der Satzung oder dem Gesellschaftsvertrag auch die auf deren Grundlage ergangenen Beschlüsse in diesem Zusammenhang aufgeführt. Selten ist die Nennung weiterer „Anordnungen“ oder „Weisungen“. Bei einem Wirtschaftsverband heißt es, das Schiedsgericht ist zuständig „für alle Streitigkeiten aus der Satzung sowie aus der Tätigkeit des Verbandes und seiner Organe“, bei einem anderen ist das Schiedsgericht für alle „Mitgliedschaftsstreitigkeiten“, bei einem weiteren „für alle Streitigkeiten aus Angelegenheiten dieses Verbandes“ zuständig.

b) Vgl. dazu das oben S. 30 Ausgeführte.

c) Soweit sie ausdrücklich bestimmt ist. Vgl. dazu das oben S. 30 f. Ausgeführte.

Erläuterungen zu Tabelle 1

Zu IV Sp. 1

Aber nur in einem dieser fünf Fälle ist die sachliche Zuständigkeit bei Streitigkeiten aus Verträgen auch dann obligatorisch, wenn es sich um Streitigkeiten handelt, die nicht schon unter I bis III fallen. In den übrigen vier Schiedsklauseln bzw. Schiedsgerichtsordnungen heißt es dagegen beinahe wörtlich gleichlautend, daß die Mitglieder auch in anderen Berufsstreitigkeiten das Schiedsgericht anrufen können. Die Schiedsgerichte sind also insoweit nur disponibel zuständig.

Zu IV Sp. 2

In einem dieser sieben Fälle ist die fakultative Zuständigkeit auf Streitigkeiten im Rahmen des Berufes der Mitglieder beschränkt, während sie sonst unbeschränkt ist.

Zu IV Sp. 3 und 6

Soweit die konkrete Zuständigkeit der disponiblen Schiedsgerichte der wirtschaftlichen Interessenverbände auf Grund von Allgemeinen Geschäftsbedingungen, Benutzungsordnungen oder Handelsbräuchen vereinbart wird, ist die Geltendmachung von Ansprüchen aus Wechseln oder Schecks meist, die wegen Streitigkeiten, die mit „keinerlei sachlichen Meinungsverschiedenheiten der Parteien“ verbunden sind, oft und die Erwirkung von Arresten und einstweiligen Verfügungen öfters ausdrücklich von der Zuständigkeit ausgenommen.

Tabelle 2 zu § 13

Die persönliche Zuständigkeit der Schiedsgerichte wirtschaftlicher Interessenverbände

Spalte	1	2	3	4	5	6	7
	Wirtschaftsverbände mit obligatorischen Schiedsgerichten	Wirtschaftsverbände mit fakultativen Schiedsgerichten	Wirtschaftsverbände mit disponiblen Schiedsgerichten	Wirtschaftsverbände insgesamt (Zusammenfassung der Sp. 1-3)	Kartelle	Kammern und Börsen	Interessenverbände insgesamt (Zusammenfassung der Sp. 4-6)
Zahl der erfaßten Schiedsgerichte	22	11	9	42	13	5	60
Davon sind zuständig bei Streitigkeiten zwischen							
I. dem Interessenverband und Mitgliedern dieses Verbandes	11	5	—	16	13	—	29
II. Mitgliedern des Verbandes	19	11	7	37	7	4	48
III. Mitgliedern und Nichtmitgliedern	2	3	8	13	—	4	17
IV. Nichtmitgliedern	—	2	5	7	—	5	12

Erläuterungen zu Tabelle 2

Zu II Sp. 1

Davon ist in sechs Fällen die persönliche Zuständigkeit, soweit die Mitglieder nicht mit dem Wirtschaftsverband, sondern untereinander streiten, zwar generell, aber nur disponibel begründet. In 12 Fällen ist zwar auch die Zuständigkeit für die Streitigkeiten der Mitglieder untereinander obligatorisch begründet, jedoch umfaßt sie dann meist nur Streitigkeiten aus der Mitgliedschaft, in erster Linie also aus der Satzung. Teilweise erstreckt sie sich aber auch noch auf Streitigkeiten wettbewerbsrechtlicher Art. Nur in einem einzigen, bereits oben[1] erwähnten Fall gilt die Zuständigkeit, und zwar auf Grund statutarischer Schiedsklausel, obligatorisch „für Streitigkeiten der Mitglieder untereinander aus ihrer Zusammenarbeit auf dem Gebiet" des Verbandes. Das Oberlandesgericht Frankfurt am Main[2] verneinte für derartige Fälle im Ergebnis zu Recht die Wirksamkeit der statutarischen Schiedsklausel. Sie hatte in dem vom Oberlandesgericht entschiedenem Fall folgenden Wortlaut: „Für Streitigkeiten zwischen Mitgliedern des Vereins aus ihrem Geschäftsverkehr untereinander unterwerfen sich die Streitenden einem Schiedsgericht." Bei derartigen Streitigkeiten geht es — im Gegensatz zu Streitigkeiten aus der Mitgliedschaft — um Individualrechte, die nicht Gegenstand vereinsmäßiger Bindung und damit auch nicht einer statutarischen Schiedsklausel sein können, weil sich die Vereinsautonomie nicht auf außerhalb der Mitgliedschaft liegende Rechtsverhältnis erstreckt[3]. Außerdem scheitert eine derartige Regelung an dem für einseitig angeordnete, also auch für statutarische[4] Schiedsgerichte, wie für vereinbarte geltenden § 1026 ZPO, da die Schiedsklausel sich nicht auf bestimmte Rechtsverhältnisse bezieht[5]. Aus den eben dargelegten Gründen sind aber auch jene ab und zu auftretenden Schiedsklauseln[6] unwirksam, die eine obligatorische Zuständigkeit des Schiedsgerichts für Mitglieder (auch) aus deren Streitigkeiten wettbewerbsrechtlicher Art begründen, ohne daß sich Bestimmungen über das

---

[1] Vgl. Tab. 1, Erl. zu IV Sp. 1.

[2] JW 1930, S. 3490 mit zustimmender Anmerkung von *Leo*.

[3] BGH 38, S. 155 (159, 161, 162) = LM Nr. 4 zu § 1027 ZPO für eine Gesellschaft mit beschränkter Haftung; *Baumbach-Schwab*, Kap. 29 C S. 226 mit weiteren Nachweisen und *Kees*, S. 109 f.

[4] Vgl. statt aller *Baumbach-Schwab*, Kap. 29 C S. 226.

[5] RG 85, 177 (180); *Baumbach-Schwab*, Kap. 2 B IV b, S. 58, Kap. 29 D S. 228; *Krause*, S. 75 f.; *Kees*, S. 123 mit weiteren Nachweisen.

[6] Vgl. Tab. 1.

Verhalten im Wettbewerb in der Satzung finden oder auf ihr beruhen, ohne daß es sich also um Streitigkeiten aus der Mitgliedschaft handelt. Denn ein bloßes Wettbewerbsverhältnis ist auch noch kein konkretes Rechtsverhältnis i. S. d. § 1026 ZPO[1]. Statutarische oder auf der Satzung beruhende Bestimmmungen über das Verhalten der Mitglieder im Wettbewerb finden sich natürlich einmal bei den Kartellen. Hier ist im Hinblick auf die sachliche Zuständigkeit des Schiedsgerichts dann regelmäßig einfach die Rede von Verstößen gegen die Satzung oder auf ihr beruhenden Beschlüssen oder Anordnungen. Zum anderen finden sich bei manchen Wirtschaftsverbänden ins einzelne gehende Satzungsbestimmungen über das Verhalten der Mitglieder im Wettbewerb, für die die folgende Bestimmung typisch ist:

„Die Mitglieder verpflichten sich, sich jeden unlauteren Wettbewerbs im geschäftlichen Verkehr zu enthalten, insbesondere in ihrer Werbung und in ihren sonstigen Geschäftsgewohnheiten gute kaufmännische Sitte und Anstand zu wahren.“

Es hängt von der Handhabung derartiger Bestimmungen ab, ob sie im Einzelfall gegen § 1 GWB verstoßen.

Zu III Sp. 1.

Insoweit kommt nur eine praktisch obligatorische Wirkung der Schiedsklauseln bzw. Schiedsgerichtsordnungen derart in Betracht, daß die Mitglieder verpflichtet werden, mit Dritten die Zuständigkeit des Verbandsschiedsgerichts zu vereinbaren, so daß es sich aber insoweit noch nicht um die Begründung der konkreten Zuständigkeit der Schiedsgerichte handelt. Bei den zwei hier erfaßten Fällen fehlt jedoch auch eine solche Verpflichtung, so daß die obligatorischen Schiedsgerichte insoweit wiederum wirklich disponibel sind.

---

1 *Devin*, S. 50; vgl. auch *Schönke-v.Staff*, S. 67.

Tabelle 3 zu § 14

Die Bildung und Zusammensetzung der Schiedsgerichte wirtschaftlicher Interessenverbände sowie die Schiedsrichter betreffende Bestimmungen

Spalte	1	2	3	4	5	6	7
	Wirtschaftsverbände mit obligatorischen Schiedsgerichten	Wirtschaftsverbände mit fakultativen Schiedsgerichten	Wirtschaftsverbände mit disponiblen Schiedsgerichten	Wirtschaftsverbände insgesamt (Zusammenfassung der Sp. 1-3)	Kartelle	Kammern und Börsen	Interessenverbände insgesamt (Zusammenfassung der Sp. 4-6)
Zahl der erfaßten Schiedsklauseln bzw. Schiedsgerichtsordnungen	22	11	9	42	13	5	60
Davon schreiben vor							
I. Für jedes Verfahren neue Zusammensetzung	7	5	3	15	6	4	25
II. Für einen bestimmten Zeitraum							
1. feste Zusammensetzung	1	—	2	3	3	—	6
2. fester Vorsitzender	5	6	5	16	4	1	21
III. Als Zahl der Mitglieder des Schiedsgerichts[a)]	1:5; 15:3 1:2	12:3	1:5; 6:3 2:2	2:5; 33:3 3:2	11:3; 2:1	5:3	2:5; 49:3 3:2; 2:1
IV. Ernennung[b)] grundsätzlich beliebiger Personen als Beisitzer durch beide streitenden Parteien	15	9	1	25	7	2	34

Fortsetzung *Tabelle 3 zu § 14*

Spalte	1	2	3	4	5	6	7
	Wirtschaftsverbände mit obligatorischen Schiedsgerichten	Wirtschaftsverbände mit falkultativen Schiedsgerichten	Wirtschaftsverbände mit disponiblen Schiedsgerichten	Wirtschaftsverbände insgesamt (Zusammenfassung der Sp. 1-3)	Kartell	Kammern und Börsen	Interessenverbände insgesamt (Zusammenfassung der Sp. 4-6)
V. Ernennung[b)] des Vorsitzenden durch die von den Parteien ernannten Beisitzer	5	2	2	9	4	—	13
VI. Durch völlig Außenstehende Ernennung[b)]							
1. aller Schiedsrichter	—	—	1	1	—	1	2
2. nur des Vorsitzenden	1	5	1	7	—	—	7
3. hilfsweise[c)]	11	6	1	18	5	—	23
VII. Listenwahlsystem							
1. nur für die Beisitzer	1	2	2	5	1	1	7
2. für alle Schiedsrichter	1	—	1	2	—	1	3
VIII. Aufstellung der Liste							
1. durch die Mitgliederversammlung	—	1	—	1	1	—	2
2. durch den Vorstand oder die Geschäftsführung	2	1	3	6	—	2	8

Fortsetzung *Tabelle 3 zu § 14*

Spalte	1	2	3	4	5	6	7
	Wirtschaftsverbände mit obligatorischen Schiedsgerichten	Wirtschaftsverbände mit fakultativen Schiedsgerichten	Wirtschaftsverbände mit disponiblen Schiedsgerichten	Wirtschaftsverbände insgesamt (Zusammenfassung der Sp. 1-3)	Kartelle	Kammern und Börsen	Interessenverbände insgesamt (Zusammenfassung der Sp. 4-6)
IX. Durch Organe[d)] des Interessenverbandes,							
1. und zwar durch dessen Mitgliederversammlung, Ernennung[b)]							
1a. aller Schiedsrichter	2	—	—	2	3	—	5
1b. nur des Vorsitzenden	—	1	—	1	3	—	4
2. und zwar durch dessen Vorstand oder Geschäftsführung, Ernennung[b)]							
2a. aller Schiedsrichter	—	—	4	4	2	2	8
2b. nur des Vorsitzenden	5	2	1	8	—	3	11
2c. hilfsweise[c)]	5	1	2	8	1	—	9
X. Vorsitzender ein Jurist							
1. obligatorisch[e)]	9	3	4	16	13	1	30
2. grundsätzlich[f)]	4	2	—	6	—	—	6
XI. Die Ablehnung eines Schiedsrichters erfolgt							
1. nur bei Vorliegen besonders aufgezählter Voraussetzungen[g)]	1	1	2	4	—	—	4
2. entsprechend § 1032 ZPO	4	—	5	9	—	2	11

Fortsetzung *Tabelle 3 zu § 14*

Spalte	1	2	3	4	5	6	7
	Wirtschaftsverbände mit obligatorischen Schiedsgerichten	Wirtschaftsverbände mit fakultativen Schiedsgerichten	Wirtschaftsverbände mit disponiblen Schiedsgerichten	Wirtschaftsverbände insgesamt (Zusammenfassung der Sp. 1-3)	Kartelle	Kammern und Börsen	Interessenverbände insgesamt (Zusammenfassung der Sp. 4-6)
XII. Über die Ablehnung eines Schiedsrichters entscheidet							
1. völlig Außenstehender	1	—	—	1	—	—	1
2. Vorstand oder Geschäftsführung des Interessenverbandes	—	1	2	3	—	—	3
3. Schiedsgericht selbst unter Ausschluß des Abgelehnten	1	—	2	3	—	2	5
4. Schiedsgerichtsvorsitzender	—	—	3	3	—	—	3
5. ordentliches Gericht	1	—	—	1	—	—	1
XIII. Schiedsrichter zu unabhängiger Entscheidung verpflichtet[h)]	4	—	5	9	1	1	11

a) Vor dem Doppelpunkt steht die Anzahl der Schiedsgerichte, für die eine bestimmte Mitgliederzahl vorgeschrieben ist, und hinter dem Doppelpunkt steht die jeweils vorgeschriebene Mitgliederzahl.
b) Zum Begriff der „Ernennung" vgl. oben S. 32 Anm. 19.
c) Vgl. zum Begriff „hilfsweise" oben S. 33.
d) Zu denen die Geschäftsleitung hinzukommt.
e) Hier heißt es regelmäßig: „Der Vorsitzende muß die Befähigung zum Richteramt haben."
f) Hier heißt es regelmäßig: „Der Vorsitzende soll die Befähigungzum Richteramt haben."
g) Ohne im Ergebnis der Regelung des § 1032 ZPO zu entsprechen.
h) Die Schiedsgerichtsordnung oder besondere Richtlinien für die Schiedsrichter enthalten dann ausdrückliche Feststellungen von der Art: „Die Beisitzer sind nicht Parteivertreter. Sie haben das ihnen übertragene Amt unparteiisch und nach bestem Wissen und Gewissen auszuüben."

Erläuterungen zu Tabelle 3

Zu II 1 Sp. 7

In diesen Fällen ist meist von vornherein eine gewisse Anzahl von Ersatzschiedsrichtern bestimmt. Die Ernennung aller Schiedsrichter erfolgt regelmäßig durch die Mitgliederversammlung.

Zu III Sp. 4.

Bei allen drei Verbandsschiedsgerichten, die grundsätzlich aus zwei Schiedsrichtern bestehen, ist, wenn sich die beiden Schiedsrichter nicht einigen können, ein dritter Schiedsrichter als Vorsitzender hinzuzuziehen.

Zu III Sp. 5

Bei den beiden Kartellen, deren Schiedsgericht aus nur einem Schiedsrichter besteht, steht über diesem Schiedsgericht noch ein Oberschiedsgericht, das sich aus drei Schiedsrichtern zusammensetzt.

Zu IV Sp. 4

Bei drei Kartellen und acht Wirtschaftsverbänden, und zwar bei vier mit obligatorischem, bei drei mit fakultativem und bei einem mit disponiblem Schiedsgericht, ist die Wahl auf die Mitglieder beschränkt. Nach manchen Schiedsgerichtsordnungen sollen ausdrücklich möglichst Fachleute als Schiedsrichter bestimmt werden. Nach § 1 Abs. 2 der SchGO der Industrie- und Handelskammer z. B. sollen die Schiedsrichter „in der Regel aus der Mitte der Kaufmannschaft unter möglichster Berücksichtigung der betreffenden Branche ernannt werden". Ab und zu heißt es ausdrücklich, daß die Schiedsrichter nicht im Dienst einer Partei stehen dürfen, was sonst bei den Beisitzern vorkommt, aber selten ist.

Zu VI Sp. 7

Bei den mit der Ernennung von Schiedsrichtern betrauten völlig Außenstehenden handelt es sich nach 10 Schiedsklauseln bzw. Schiedsgerichtsordnungen um den Präsidenten der Industrie- und Handelskammer Frankfurt am Main, nach neun Schiedsklauseln bzw. Schiedsgerichtsordnungen um den Präsidenten des Oberlandesgerichts Frankfurt am Main und nach zwei Schiedsklauseln bzw. Schiedsgerichtsordnungen um den Präsidenten des Landgerichtes Frankfurt am Main.

Zu VII 2 Sp. 7

Ein auf den Vorsitzenden beschränktes Listenwahlsystem begegnete mir unter den 60 Schiedsklauseln bzw. Schiedsgerichtsordnungen nicht, obwohl es vorstellbar ist, daß etwa die von den Parteien völlig frei ernannten Beisitzer aus einer Liste den Vorsitzenden zu bestimmen haben.

Hier ist nach zwei Regelungen durch die von den Parteien aus der Liste ausgewählten Beisitzer ein ebenfalls aus der Schiedsrichterliste auszuwählender Vorsitzender zu ernennen. Bei der Getreide- und Produktenbörse ernennt gemäß § 2 der SchGO jede Partei einen Beisitzer aus der Schiedsrichterliste, während der Börsenvorstand den Vorsitzenden aus dieser Liste bestimmt.

Zu VIII und IX

Beim Listenwahlsystem, bei dem die Listen immer von Organen oder der Geschäftsführung der die Schiedsgerichte tragenden Interessenverbände aufgestellt werden, ist das Schiedsgericht in vier Fällen auch für Streitigkeiten zwischen Interessenverband und Mitglied zuständig, wobei es sich allerdings in drei von diesen vier Fällen um fakultative und nur in einem Fall um ein obligatorisches Schiedsgericht handelt. Von den 33 Fällen, in denen Organe bzw. Geschäftsführung der Interessenverbände an der Ernennung der Schiedsrichter direkt entscheidend beteiligt sind, umfaßt die persönliche Zuständigkeit des Schiedsgerichts bei etwa der Hälfte nur oder auch Streitigkeiten zwischen den Mitgliedern und dem Wirtschaftsverband. Dabei handelt es sich immer um obligatorische oder fakultative Schiedsgerichte, niemals um disponible. Die Frage der Zulässigkeit derartiger Regelungen ist oben, S. 95, erörtert.

Zu IX 2 c Sp. 1

Nur bei einem Wirtschaftsverband mit einem disponiblen Schiedsgericht bezieht sich hier das hilfsweise Ernennungsrecht, und zwar das des Vorstandes, auch auf den Vorsitzenden. In allen anderen Fällen ist das hilfsweise Ernennungsrecht von Vorstand oder Geschäftsführung auf die Beisitzer beschränkt, während die hilfweise Ernennung des Vorsitzenden in zwei dieser Fälle durch völlig Außenstehende erfolgt und in den übrigen Fällen die Interessenverbände einen festen Vorsitzenden des Schiedsgerichts haben, so daß sich die Frage seiner hilfsweisen Ernennung grundsätzlich nicht stellt.

Zu XI 1 Sp. 1

In diesen vier Fällen entfällt gegenüber der Regelung nach § 1032 ZPO der Ablehnungsgrund einer ungebührlichen Verzögerung der Pflichten durch einen Schiedsrichter. In drei dieser vier Fälle scheidet weiterhin der Ablehnungsgrund der Befangenheit eines Schiedsrichters aus, wobei jedoch bei zwei von ihnen unter diesen Gesichtspunkt fallende besondere Ablehnungsgründe genannt sind.

Zu XII 3 Sp. 6

Speziell die unter die hier erfaßten zwei Fälle zählende Bestimmung des § 5 Abs. 3 (gleichlautend mit § 4 Abs. 2 a. F.) der Schiedsgerichtsordnung der Getreide- und Produktenbörse, die insoweit mit der der übrigen Getreidebörsen bzw. Börsenvereine übereinstimmt, hat der Bundesgerichtshof[1] für unzulässig erklärt.

---

[1] BGH 24, S. 1 (3 f.).

Tabelle 4 zu § 14

Schiedsrichtervergütung[a] bei einem Streitwert oder einer Strafe von

	1000 DM		10000 DM		100000 DM	
	Vorsitzender	2 Beisitzer	Vorsitzender	2 Beisitzer	Vorsitzender	2 Beisitzer
I.	—	—	—	—	—	—
II.	besondere Vereinbarung	—	besondere Vereinbarung	—	besondere Vereinbarung	—
III.—V.	165,— DM	—	960,— DM	—	3000,— DM	—
VI.	214,50 DM	—	1248,— DM	—	3900,— DM	—
VII.	143,— DM	—	832, -- DM	—	2600,— DM	—
VIII.	165,— DM	„angemessene Entschädigung“	960,— DM	„angemessene Entschädigung“	3000,— DM	„angemessene Entschädigung“
IX.	50,— DM[b]	100,— DM[b]	höchstens 66,— DM[b]	höchstens 112,— DM[b]	höchstens 666,— DM[b]	höchstens 1132,— DM[b]
X.	Grundsätzlich pauschal für Vorsitzende 300,— DM und für die beiden Beisitzer zusammen 200,— DM[b]					
XI.—XII.	Grundsätzlich pauschal 150,- DM für Vorsitzenden und 300,- DM zusammen für beide Beisitzer je Arbeitstag[b]					
XIII.	143,— DM	220,— DM	832,— DM	1280,—DM	2600,—DM	4000,—DM
XIV.	180,— DM[b]	360,— DM[b]	180,— DM[b]	360,—DM[b]	1170,—DM[b]	2340,—DM[b]
XV.—XVII.	80,— DM[b]	80,— DM[b]	360,— DM[b]	360,—DM[b]	1080,—DM[b]	1080,—DM[b]
XVIII.	66,20 DM[b]	66,20 DM[b]	305,— DM[b]	305,—DM[b]	1205,—DM[b]	1205,—DM[b]

a) Sie gelten für ein Verfahren, das vor einem aus 3 Mitgliedern bestehenden Schiedsgericht abläuft und bei dessen Durchführung vor einem ordentlichen Gericht einem Rechtsanwalt nach § 31 BRAGebO Prozeß-, Verhandlungs- und Beweisgebühr zuständen. Die in der Tabelle enthaltenen Querstriche bezeichnen die Fälle, in denen den Schiedsrichtern nur die Auslagen ersetzt werden.
b) Außerdem werden die Auslagen der Schiedsrichter ersetzt.

Erläuterungen zu Tabelle 4

Nach der Regelung zu I sind alle Schiedsrichter, nach den Regelungen zu II bis VII sind die Beisitzer ehrenamtlich tätig, d.h. erhalten nur ihre Auslagen erstattet. Die Vorsitzenden erhalten nach diesen Regelungen in einem Fall (II) ein Honorar nach besonderer Vereinbarung, in drei Fällen (III—V) die Gebühren eines Rechtsanwaltes erster Instanz, in einem Fall (VI) die Gebühren eines Rechtsanwaltes zweiter Instanz und in einem weiteren Fall (VII) zwei Gebühren eines Rechtsanwaltes zweiter Instanz.

Nach der Regelung zu VIII erhält der Vorsitzende die Gebühren eines Rechtsanwaltes erster Instanz, während den Beisitzern eine „angemessene Entschädigung" zusteht.

In der Regelung zu IX heißt es: „Die den Schiedsrichtern zu zahlenden Gebühren dürfen 2 % des Streitwertes nicht überschreiten." Jeder Schiedsrichter kann in diesem Fall jedoch neben der Deckung seiner Unkosten mindestens eine Entschädigung von 50,— DM für jedes Verfahren beanspruchen.

Nach der Regelung zu X kann die Schiedsrichtervergütung nach billigem Ermessen des Schiedsgerichts festgesetzt werden, wenn die Pauschalvergütung im Verhältnis zu den nach der Rechtsanwaltsgebührenordnung für Verfahren erster Instanz fälligen Gebühren unangemessen niedrig wäre.

In der Regelung zu XIII heißt es, daß dem Vorsitzenden zwei Gebühren eines Rechtsanwaltes zweiter Instanz, den Beisitzern zwei Gebühren eines Rechtsanwaltes erster Instanz zustehen.

Nach den Schiedsgerichtsordnungen zu XIV bis XVIII werden die Schiedsrichter prozentual an den Schiedsgerichtsgebühren beteiligt.

Tabelle 5 zu § 17

Schiedsgerichtsgebühren[a]) bei einem Streitwert von:

	1000,— DM	10000,— DM	100000,— DM
I. Gebührenordnung zur Schiedsgerichtsordnung für das Bauwesen	600,— DM	600,— DM	3900,— DM
II. Schiedsgerichtsordnung der Arbeitsgemeinschaft Möbeltransport	100,— DM	750,— DM	5250,— DM
III. Schiedsgerichtsordnung des Verbandes des Feldsaaten Groß- und Importhandels	120,— DM	120,— DM	1000,— DM
IV. Kostenrichtlinien für Schiedsgerichte der Gartenbauwirtschaft	162,50 DM	762,50 DM	3012,50 DM
V. Schiedsgerichtsordnung der Kartoffelwirtschaft	100,— DM	420,— DM	2220,— DM
VI.-VIII. Kostenrichtlinien für Schiedsgerichte bei den Landwirtschaftskammern[b])	200,— DM	900,— DM	2700,— DM
IX. Schiedsgerichtsordnung der Getreide- und Produktenbörse	60,— DM	340,— DM	2540,— DM
X. Schiedsgerichtsordnung der Wertpapierbörse	30,— DM	300,— DM	3000,— DM
XI. Schiedsgerichtsordnung der Industrie- und Handelskammer	50,— DM	500,— DM	3300,— DM

a) Sie gelten für ein Verfahren, das vor einem aus drei Mitgliedern bestehenden Schiedsgericht abläuft und bei dessen Durchführung vor einem ordentlichen Gericht Prozeß-, Beweis- und Urteilsgebühr fällig wären.

b) In den Schiedsgerichtsordnungen dreier Wirtschaftsverbände wird auf sie verwiesen.

Erläuterungen zu Tabelle 5

Zu I.

Hier kommen derartig niedrige Streitwerte wie 1000,— DM praktisch nicht vor[1].

Zu II.

Praktisch kommen hier kaum Streitwerte von 10 000,— DM und gar nicht solche von 100 000,— DM vor[1].

Zu V., X. und XI.

Nach diesen Regelungen kann das Schiedsgericht in besonderen Fällen die Gebühren erhöhen oder ermäßigen.

---

[1] Daher ist die Gebührenstaffelung nicht auf derartige Streitwerte ausgerichtet, sondern auf die Streitwerte, die entsprechend dem grundsätzlich vor diesem Schiedsgericht zur Entscheidung anstehenden Streitstoff normalerweise vorkommen. Vgl. Zur Gestaltung der Gebührensätze *Dietz*, S. 14.

Tabelle 6 zu § 19

Die Inanspruchnahme des Amtsgerichts Frankfurt am Main im Zusammenhang mit Schiedssachen

	1955	1956	1957	1958	1959	1960	1961	1962	1963	1964	Durchschnitt[a)]
I. Mahnsachen	115616	131914	127339	?	116174	126592	136620	135469	159752	163453	134769,9
II. Gewöhnliche Prozesse	26023	26783	26581	?	24187	25559	25692	26061	27138	27189	26134,8
III. Urkunden-, Wechsel- u. Scheckprozesse	?	?	?	?	795	763	632	671	679	719	709,8
IV. Insgesamt (Sp. I-III)	?	?	?	?	141156	152914	162944	162201	187569	191361	161377,9
V. Schiedssachen insgesamt (Sp. VI-XI), und zwar:	34	68	80	58	42	38	14	5	6	14	35,9
VI. Schiedsrichterernennungen	—	1	—	—	—	—	—	—	—	2	0,3
VII. Schiedsrichterablehnungen	—	—	—	—	—	—	—	—	—	—	0,0
VIII. Vom Schiedsgericht für erforderlich gehaltene richterliche Handlungen	—	3	—	—	—	—	—	—	—	—	0,3[b)]

Fortsetzung *Tabelle 6 zu § 19*

	1955	1956	1957	1958	1959	1960	1961	1962	1963	1964	Durchschnitt[a)]
IX. Niederlegungen von Schiedssprüchen einschließlich Schiedsvergleichen	24	25	49	39	26	21	8	4	4	8	22,8
X. Vollstreckbarerklärungen	10	20	31	19	16	17	5	1	2	4	12,5[c)]
XI. Aufhebungsklagen	—	—	—	—	—	—	1	—	—	—	0,1
Anhang											
XII. Streitige Endurteile in gewöhnlichen Prozessen des Amtsgerichts	?	?	4670	?	3998	4312	4572	3983	3901	3568	4143,4
Dauer dieser Prozesse											
XIII. 1. weniger als 3 Monate	?	?	2601	?	2005	2085	2189	1967	1971	1830	2092,7
XIV. 2. 3-6 Monate	?	?	1157	?	1064	1142	1232	976	992	869	1061,7
XV. 3. mehr als 6 Monate	?	?	912	?	929	1085	1151	1040	938	869	989,1

a) Pro Jahr auf Grund der Zahlen von 1955—1964; soweit Angaben für bestimmte Jahre fehlen, bezieht sich der Durchschnitt auf eine entsprechend kleinere Zahl von Jahren.

b) Die Seltenheit richterlicher Handlung in der Praxis der Schiedsgerichtsbarkeit wird u. a. bestätigt vom Geschäftsführer des Vereins deutscher Metallhändler, *Dietz*, a.a.O., S. 15.

c) Bei rund 10.000—13.000 Vollstreckungssachen, mit denen das Amtsgericht im Jahr befaßt wird, sind im Untersuchungszeitraum „vielleicht ein halbes Dutzend" Schiedssprüche zur Vollstreckung gekommen.

Tabelle 7 zu § 19

Die Inanspruchnahme des Landgerichts Frankfurt am Main im Zusammenhang mit Schiedssachen

	1955	1956	1957	1958	1959	1960	1961	1962	1963	1964	Durchschnitt a)
Zivilkammern I. Gewöhnliche Prozesse erster Instanz	2865	2913	3130	3225	3050	3264	3702	4168	4611	5219	3614,7
II. Urkunden-, Wechsel- und Scheckprozesse erster Instanz	178	195	175	140	365	156	194	194	223	332	215,2
III. Zusammen (Sp. I und II)	3043	3108	3305	3365	3415	3400	3896	4362	4834	5551	3829,9
Kammern für Handelssachen IV. Gewöhnliche Prozesse erster Instanz	912	907	879	813	871	802	839	1017	1194	1344	957,8
V. Urkunden-, Wechsel- und Scheckprozesse erster Instanz	195	180	172	183	194	160	182	278	320	430	229,4
VI. Zusammen (Sp. IV und V)	1107	1087	1051	996	1065	962	1021	1295	1514	1774	1187,2
VII. Insgesamt (Sp. III und VI)	4150	4195	4356	4361	4480	4362	4917	5657	6348	7325	5017,1
VIII. Schiedssachen insgesamt (Sp. IX bis XIV), und zwar	?	17	24	10	18	15	16	13	16	25	17,1

Fortsetzung *Tabelle 7 zu § 19*

	1955	1956	1957	1958	1959	1960	1961	1962	1963	1964	Durchschnitt[a]
IX. Schiedsrichterernennungen	?	—	—	—	—	1	2	—	—	—	0,3
X. Schiedsrichterablehnungen	?	1	2	2	—	—	—	—	—	—	0,6
XI. Vom Schiedsgericht für erforderlich gehaltene richterliche Handlungen	?	—	—	1	—	—	2	—	—	—	0,3[b]
XII. Niederlegung von Schiedssprüchen einschließlich Schiedsvergleichen	11	9	12	4	14	10	6	8	10	13	9,7[c]
XIII. Vollstreckbarerklärungen	?	7	10	3	4	4	6	5	6	11	6,2
XIV. Aufhebungsklagen	?	—	—	—	—	—	—	—	—	1	0,1
Anhang											
XV. Streitige Endurteile in gewöhnlichen Prozessen erster Instanz des Landgerichts	?	?	1102	1462	?	1444	1445	1741	1457	1170	1401
Dauer dieser Prozesse											
XVI. 1. weniger als 3 Monate	?	?	136	351	?	345	321	352	194	155	264,7
XVII. 2. 3-6 Monate	?	?	278	362	299	405	356	484	496	242	374[d]
XVIII. 3. mehr als 6 Monate	?	?	688	749	745	694	768	905	767	773	762,1[d]

a) Pro Jahr auf Grund der Zahlen von 1955—1964; soweit Angaben für bestimmte Jahre fehlen, bezieht sich der Durchschnitt auf eine entsprechend kleinere Zahl von Jahren.
b) Vgl. Tab. 6 Anm. b.
c) Von den insgesamt 97 Niederlegungen betreffen 23 Schiedsvergleiche und 74 Schiedssprüche. Unter den Schiedsvergleichen fanden sich einige ohne Klausel der Unterwerfung unter die Zwangsvollstreckung.
d) Ohne Berücksichtigung der Zahlen aus dem Jahr 1959.

Tabelle 8 zu § 19

Analyse der bei den ordentlichen Gerichten Frankfurts niedergelegten Schiedssprüche

Von den beim *Amtsgericht* niedergelegten Schiedssprüchen und Schiedsvergleichen kamen[a)]

	1955	1956	1957	1958	1959	1960	1961	1962	1963	1964
I. von institutionellen Schiedsgerichten,	23	16	48	38	24	20	8	4	3	4
II. von isolierten Schiedsgerichten	—	4	1	—	2	—	—	—	1	3

Von den beim *Landgericht* niedergelegten Schiedssprüchen und Schiedsvergleichen[b)] kamen

	1955	1956	1957	1958	1959	1960	1961	1962	1963	1964
III. von institutionellen Schiedsgerichten,	2	1	2	—	1	1	3	2	—	2
IV. von isolierten Schiedsgerichten	9	8	10	4	13	9	3	6	10	12

a) Für die Jahre 1955, 1958, 1960, 1964 konnte diese Frage jeweils bei einer Niederlegung, für das Jahr 1956 bei 5 Niederlegungen nicht geklärt werden.
b) Für das Jahr 1964 konnte diese Frage bei 1 Niederlegung nicht geklärt werden.

Erläuterungen zu Tabelle 8

Zu über 90 % handelt es sich bei den von institutionellen Schiedsgerichten kommenden Niederlegungen beim Amtsgericht um solche des Schiedsgerichts ein und desselben Wirtschaftsverbandes, woraus sich hier das starke Überwiegen institutioneller Schiedsgerichte erklärt, während beim Landgericht die meisten niedergelegten Schiedssprüche oder Schiedsvergleiche von isolierten Schiedsgerichten, die restlichen aber von ganz verschiedenen institutionellen Schiedsgerichten kamen. Die Zahlen des Landgerichts geben also eher ein wirklichkeitsnahes Bild über die Üblichkeit von Niederlegungen bei institutionellen und isolierten Schiedsgerichten. Dabei ist besonders zu berücksichtigen, daß zumindest die Häufigkeit, mit der die Zuständigkeit institutioneller Schiedsgerichte von den Unternehmen vereinbart wird, überwiegt, während die Schiedsgerichte der Interessenverbände überhaupt nur institutionelle sind.

Die Schiedsgerichte, die sich mit den Streitigkeiten befassen, die von 1955—1964 beim Amtsgericht und beim Landgericht Frankfurt am Main zu insgesamt 323 Niederlegungen führten, setzten sich in diesen Fällen[1] folgendermaßen zusammen:

In neun Fällen bestanden sie aus einem Schiedsrichter, wobei dieser in sieben Fällen ein Jurist war. In zwei Fällen bestanden sie aus zwei Schiedsrichtern, worunter in einem Falle ein Jurist war. In 296 Fällen bestanden sie aus drei Schiedsrichtern, wobei in 241 Fällen der Vorsitzende und in 35 Fällen alle drei Schiedsrichter Juristen waren. Dabei war die Beteiligung von Richtern und Rechtsanwälten wiederum ungefähr gleich stark. Bei den aus drei Juristen zusammengesetzten Schiedsgerichten handelte es sich ganz überwiegend um isolierte Schiedsgerichte, die in Streitigkeiten mit meist sehr hohen Streitwerten zu entscheiden hatten. In vier Fällen bestanden die Schiedsgerichte aus fünf Schiedsrichtern, wobei in einem Fall der Vorsitzende ein Jurist war. In zwei Fällen nahm an den Verhandlungen — es handelte sich hierbei um Berufungsverhandlungen vor sogenannten Oberschiedsgerichten — ein Jurist, einmal als Schriftführer, beratend teil. In einem Fall waren alle fünf Schiedsrichter Juristen.

---

1 In 12 Fällen war diese Frage nicht zu klären.

Ergänzung zum Literaturverzeichnis

Kohler, K.: Die moderne Praxis des Schiedsgerichtswesens in der Wirtschaft

Rosenberg: Lehrbuch des deutschen Zivilprozeßrechts, 9. Aufl., München/Berlin 1961.

Rüschemeyer: Stichwort „Mentalität und Ideologie", in Fischer-Lexikon „Soziologie", Frankfurt/Main 1958.

Schönke: Urteilsanmerkung zu RG, DR 1942, S. 186.

— Stichwort „Schiedsgerichtsbarkeit", in Handwörterbuch der Sozialwissenschaften, Stuttgart/Tübingen/Göttingen 1956, Bd. 9, S. 118 ff.

Schönke-v. Staff: Das Schiedsgerichtsverfahren nach dem heutigen deutschen Recht, 2. Aufl., Berlin/Köln 1954.

Schönke-Schröder-Niese: Lehrbuch des Zivilprozeßrechts, 8. Aufl., Karlsruhe 1956.

Schneider, H.: Die Interessenverbände, München/Wien 1965.

Schottelius: Die kaufmännische Schiedsgerichtsbarkeit, Eine vergleichende Darstellung des Schiedsgerichts der Bremer Baumwollbörse mit den Bremer und Hamburger ständigen Schiedsgerichten und ausländischen Baumwollschiedsgerichten, Bremen 1953.

— Die internationale Schiedsgerichtsbarkeit, Köln/Berlin 1957.

Schopp: Die Schiedsklauseln in Gesellschaftsverträgen, in Betr. 1958, S. 591 ff.

Schröder: Die Genfer Abmachungen über die Schiedsgerichtsbarkeit, in Schönke, Die Schiedsgerichtsbarkeit in Zivil- und Handelssachen in Europa, Bd. 1, Berlin 1944.

Schwab: Die Entscheidung des Schiedsgerichts über seine eigene Zuständigkeit — Eine Stellungnahme zum Verhältnis von Hauptvertrag und Schiedsvertrag und zur sogenannten Kompetenz-Kompetenz des Schiedsgerichts, in KTS 1961, S. 17 ff.

Das Selbstbild der Verbände, Empirische Erhebung über die Verhaltensweisen der Verbände in ihrer Bedeutung für die wirtschaftspolitische Willensbildung in der Bundesrepublik Deutschland, wissenschaftliche Leitung G. Schmölders, Berlin 1965.

Sieg: Hilfstellung Dritter im schiedsrichterlichen Verfahren, in JZ 1958, S. 719 ff.

Literaturverzeichnis

Almanach der Frankfurter Wirtschaft, Ausgabe 1964/65, bearbeitet von F. *Lerner*, herausgegeben vom Magistrat der Stadt Frankfurt am Main, Frankfurt am Main 1964.

Baumbach-Lauterbach: Zivilprozeßordnung, 28. Aufl., München/Berlin 1965.

Baumbach-Schwab: Schiedsgerichtsbarkeit, Kommentar 2. Aufl., München/ Berlin 1960.

Berges: Die Schiedsgerichtsbarkeit als Aufgabe treuhänderischer Rechtspflege — Die Grundzüge der Handelsschiedsgerichtsbarkeit, in KTS 1960, S. 97 ff.

— Recht und Billigkeit im Schiedsspruch, in KTS 1959, S. 88 ff.

Bindhardt: Noch einmal Schiedsgerichte in Bausachen, in Bau und Bauindustrie 1963, S. 459 f.

Beringe: Grenzen der Schiedsgerichtsbarkeit, in Betrieb 1954, S. 776 ff.

Bericht der Kommission zur Vorbereitung einer Reform der Zivilgerichtsbarkeit, herausgegeben vom Bundesjustizministerium, Bonn 1961.

Blomeyer, Arwed: Zivilprozeßrecht — Erkenntnisverfahren, Berlin - Göttingen - Heidelberg 1963.

Blomeyer, Karl: Betrachtungen über die Schiedsgerichtsbarkeit, in Beiträge zum Zivilprozeßrecht — Festgabe für Leo Rosenberg, München/Berlin 1949, S. 51 ff.

Breitling: Die Verbände in der Bundesrepublik, Meisenheim am Glan 1955.

Bruck-Möller: Kommentar zum Versicherungsvertragsgesetz und zu den Allgemeinen Versicherungsbedingungen unter Einschluß des Versicherungsvermittlerrechts, 8. Aufl., Berlin 1961.

Büchner: Grundriß der Individualversicherung, 4. Aufl., Karlsruhe 1964.

Bankgeschäftliches Formularbuch, bearbeitet von Schütz, herausgegeben von Trost, 16. Ausgabe, Berlin 1962.

David, Leo: Die wirtschaftliche Bedeutung des kaufmännischen Schiedsgerichtswesens, Diss., Frankfurt/Main 1932.

Dalloz: Encyclopédie juridique — répertoire de procédure civile et commerciale, Bd. 1, Paris 1955.

Devin: Schiedsgerichts- und Schiedsgutachtenverträge in der Brauindustrie, Diss., Freiburg/Br. 1954.

Dietz: Schiedsgerichtbarkeit im Verbandswesen, in Die Verbandsgeschäftsführung 1962, Heft 3, S. 12 ff.

Ditges-Haupt-Seidel: Kommentar zu den Richtlinien für die Geschäftsbedingungen beim Verkehr mit Obst und Gemüse, Braunschweig 1957.

Dörinkel: Urteilsanmerkung zu BGH, GRUR 1963, S. 43 (47 f.).

Ehlers: Praktische Gesichtspunkte für Schiedsabreden bei internationalen Dauerverträgen, in Internationales Jahrbuch für Schiedsgerichtswesen in Zivil- und Handelssachen, Bd. III, S. 215 ff.

Enzyklopädisches Lexikon für das Geld-, Bank- und Börsenwesen, zugleich 2. Aufl. des Handwörterbuchs des Bankwesens von Palyi und Quittner, Bd. 1, Frankfurt am Main 1957.

Feuerbach, Anselm v.: Die hohe Würde des Richteramts (1817), in Deutsches Rechtsdenken, Heft 7, Frankfurt am Main, 1948, S. 5 ff.

Dr. Gablers Wirtschaftslexikon, 6. Auflage, Bd. 1 und 2, Wiesbaden 1965.

Gamillscheg: Rechtswahl, Schwerpunkt und mutmaßlicher Parteiwille im internationalen Vertragsrecht, in AcP 157, S. 303 ff.

Geiger, Theodor: Vorstudien zu einer Soziologie des Rechts, Kopenhagen 1947.

Gerland: Der Schiedsvertrag im Baugewerbe, Köln/Braunfeld 1962.

Glossner: Internationale Handelsgerichtsbarkeit, in AWD des BB 1959, S. 73 ff.

Grimm-Rochlitz: Das Schiedsgericht in der Praxis, Ein Leitfaden für Wirtschaft und Rechtsprechung, Heidelberg 1959.

Guide to ICC (International Chamber of Commerce) Arbitration, Paris 1963.

Guldener: Die Gerichtsbarkeit der Wirtschaftsverbände, in Zeitschrift für Schweizerisches Recht 1952, S. 207a ff.

Haak: Formen und Einsetzung von Schiedsgerichten bei wirtschaftlichen Verbänden — Ein Beitrag zur Frage der Verbandsschiedsgerichtsbarkeit mit einem kurzen Überblick über die geschichtliche Entwicklung, Diss., Freiburg/Br. 1945.

Habscheid: Aus der höchstrichterlichen Rechtsprechung zur Schiedsgerichtsbarkeit, in KTS 1959, S. 177 ff., in KTS 1960, S. 177 ff.

— Das Problem der Unabhängigkeit der Schiedsgerichte, in NJW 1962, S. 5 ff.

— Schiedsgerichtsbarkeit und Staatsaufsicht, in KTS 1959, S. 113 ff.

— 3 aktuelle Fragen des internationalen privaten Schiedsrechts, in KTS 1964, S. 146 ff.

Hahn, G.: Die gesamten Materialien zur Civilprozeßordnung und dem Einführungsgesetz zu derselben vom 30. 1. 1877, Berlin 1880, S. 489.

Heilberg: Urteilsanmerkung zu KG, JW 1931, S. 77.

Hirsch, Ernst E.: Stichwort „Juristisches Denken", in Wörterbuch der Soziologie, herausgegeben von Bernsdorf und Bülow, Stuttgart 1955, S. 248 f.

— Kontrolle wirtschaftlicher Macht, Bern 1958.

Hofmann: Handbuch des gesamten Kreditwesens, 7. Aufl., Frankfurt am Main 1965.

Hub: Kommentar zu den Einheitsbedingungen der Deutschen Textil- und Bekleidungsindustrie, 2. Aufl., Dettingen am Main, 1961.

Huber: Wirtschaftsverwaltungsrecht, 2. Aufl., Tübingen 1953.

Ingenstau-Korbion: VOB (Verdingungsordnung für Bauleistungen), Teil A und B, Kommentar, 4. Aufl., Düsseldorf 1966.

Jessen: Schiedsverträge im Gesetz gegen Wettbewerbsbeschränkungen, in BB 1960, S. 1116 ff.

Juris-Classeur de procédure civile, Bd. 2, Paris 1962.

Kees: Grenzen der Zulässigkeit von Schiedsgerichtsklauseln in Vereinssatzungen, Diss., Hamburg 1959.

Kessler: Die Bindung des Schiedsgerichts an das materielle Recht, Diss., Marburg 1964.

Kisch: Die Unterwerfung unter das Börsenschiedsgericht, in Rheinische Zeitschrift für Zivil- und Prozeßrecht, 1. Jahrg. 1909., S. 13 ff.

— Urteilsanmerkung zu RG, JW 1921, S. 1248.

Köhn: Schiedsgerichtsbarkeit und ordre public im zwischenstaatlichen Handelsverkehr, in KTS 1956, S. 129 ff.

Köppel: Zur Frage der Verbandsschiedsgerichte, in Kartell-Rundschau 1941, S. 377 ff.

Krause: Die ständigen Schiedsgerichte im Entwurf der neuen Zivilprozeßordnung, in Rechtswissenschaftliche Beiträge zum 25jährigen Bestehen der Handelshochschule Berlin, Berlin 1931, S. 73 ff.

Lent-Jauernig: Zivilprozeßrecht, 12. Aufl., München/Berlin 1965.

Leo: Urteilsanmerkung zu OLG Köln, JW 1932, S. 2902.

Lorenz: Zur soziologischen Problematik wirtschaftlicher Verbände, in Festschrift zur 77. Jahresversammlung des Schweizerischen Juristenvereins, Fribourg 1943, S. 293 ff.

Lüdecke-Fischer: Lizenzverträge, Weinheim/Bergstr. 1957.

Mathies: Die ständigen Schiedsgerichte des Hamburger Großhandels, Braunschweig und Hamburg 1921.

— Das Schiedsgerichtswesen des Großhandels in Hamburg, zugleich Versuch einer Statistik, in „Dem XXIV. deutschen Anwaltstag“, Mannheim/Berlin/Leipzig 1929, S. 270 ff.

Meyer-Cording: Die Vereinsstrafe, Tübingen 1957.

Meyer-Bremer: Börsengesetz, 4. Aufl., Berlin 1957.

Mezger: Das Schiedsgerichtswesen in Frankreich, in Schönke-Kielwein, Die Schiedsgerichtsbarkeit in Zivil- und Handelssachen, Bd. 3, Köln/Berlin 1956, S. 1 ff.

— Die Anerkennung jugoslawischer und anderer osteuropäischer Schiedssprüche in der Bundesrepublik, in NJW 1962, S. 278 ff.

— Schiedsvereinbarungen in internationalen Verträgen, insbesondere in Konzessionsverträgen, in AWD des BB 1964, S. 201 ff.

Mitteilungen der Industrie- und Handelskammer Frankfurt am Main, Sonderdruck Nr. 10 vom 15. 5. 1965 und Heft 5, 1966, mit Beilage.

Motive zu dem Entwurfe eines Bürgerlichen Gesetzbuches für das Deutsche Reich, Bd. 4, Berlin und Leipzig 1888.

Müller-Gries: Kommentar zum Gesetz gegen Wettbewerbsbeschränkungen, Frankfurt am Main 1958.

Müller-Henneberg-Schwartz: Gesetz gegen Wettbewerbsbeschränkungen und europäisches Kartellrecht, Gemeinschaftskommentar, 2. Aufl., Köln/Berlin/Bonn/München 1963.

Müller-Löffelholz: Bank-Lexikon, 5. Aufl., Wiesbaden 1963.

Nikisch: Zivilprozeßrecht, 2. Aufl., Tübingen 1952.

Nußbaum: Die gesetzliche Neuordnung des Schiedsgerichtswesens, Berlin 1918.

Palandt: Bürgerliches Gesetzbuch, 25. Aufl., München/Berlin 1966.

Pohle: Stichwort „Schiedsvertrag", in Rechtsvergleichendes Handwörterbuch, Berlin 1938, Bd. 6, S. 159 ff.

Prölss: Versicherungsaufsichtsgesetz, 5. Aufl., München/Berlin 1966.

— Versicherungsvertragsgesetz, 15. Aufl., München/Berlin 1965.

Raape: Internationales Privatrecht, 5. Aufl., Berlin/Frankfurt am Main 1961.

Raiser: Das Recht der Allgemeinen Geschäftsbedingungen, Hamburg 1935.

Das Bürgerliche Gesetzbuch, Kommentar, herausgegeben von Reichsgerichtsräten und Bundesrichtern — Reichsgerichtsrätekommentar, 4. Bd., 2. Teil, 10. und 11. Aufl., Berlin 1964.

Rölle: Kann in einem Schiedsvertrag für den Fall der Nichternennung eines Schiedsrichters durch den Berechtigten der Übergang des Ernennungsrechts auf die Gegenpartei bestimmt werden?, in MDR 1956, S. 261 ff.

Sieg: Die feststellenden Schiedsgutachter im Privatversicherungsrecht, in VersR 1965, S. 629 ff.

Siebert, W.: Stichwörter „Schiedsgericht" und „Schiedsgutachten", in Handwörterbuch des Versicherungswesens, herausgegeben von Finke, Darmstadt 1958.

Soergel-Siebert: Bürgerliches Gesetzbuch, 9. Aufl., Bd. 1, Stuttgart 1959.

Staatslexikon für Rechte, Wirtschaft, Gesellschaft, 6. Aufl., Freiburg 1963.

Stein-Jonas-Schönke-Pohle: Kommentar zur Zivilprozeßordnung, 18. Aufl., Bd. 1 u. 2, Tübingen 1953, 1956.

Sudhoff: Der Gesellschaftsvertrag der Personengesellschaften, Kommentar mit Formularteil, 2. unveränderte Aufl., München/Berlin 1960.

— Der Gesellschaftsvertrag der Gesellschaft mit beschränkter Haftung, München/Berlin 1964.

Thomas: Das privatrechtliche Schiedsgerichtsverfahren, 2. Aufl., Münster 1957.

Thomas-Putzo: Zivilprozeßordnung mit Gerichtsverfassungsgesetz und Einführungsgesetzen, 2. Aufl., München/Berlin 1965.

Uschakow: Außenhandelsarbitrage in Polen, in Osteuropa-Recht 1965, S. 1 ff.

Wellmann: GmbH-Satzung und Schiedsgerichtsklausel, in BB 1961, S. 695 f.

Werthauer: Urteilsanmerkung zu OLG Neustadt, NJW 1955, S. 635 f.

Westrick: Abschlußprüfung und Abschlußprüfer nach geltendem und zukünftigem Aktienrecht, Heidelberg 1963.

Wussow: Feuerversicherung, Kommentar zu den Allgemeinen Feuerversicherungs-Bedingungen, Frankfurt am Main 1964.

MIX
Papier | Fördert gute Waldnutzung
FSC® C083411

Kolibri 360 GmbH
Ferdinand-Jühlke-Straße 7
99095 Erfurt, Deutschland
produktsicherheit@kolibri360.de

Druck:
CPI Druckdienstleistungen GmbH
im Auftrag der
Kolibri 360 GmbH
Ferdinand-Jühlke-Str. 7
99095 Erfurt